失敗してよかった!

自分を肯定する7つの思考パターン

Hiromi Wada
和田裕美

ポプラ新書

帯・本文デザイン
水戸部 功
編集協力
五味 幹男

はじめに

なぜ「失敗してよかった!」なのか

小さいころ、私は話すのも、食べるのも、動くのもカメみたいにのろくて、祖父から「ゆっくりかんさん」と呼ばれていました。これはおそらく「ゆっくりかんたろう」とかそういったニュアンスの呼び名だと思います。

なんでもとろくて愚鈍な私の人生は、やっぱりまったく冴えないもので、臆病で人と会話ができないし、物心ついたときからずっと友だちができず、いつもひとりでこもっているような子でした。学校にいっても勉強はぜんぶ「できました」という、よくも悪くもなく普通。運動神経はゼロで、ボールを持っても走っても、いつも最下位の惨めな役回りでした。

そんな私には4つ年上の優等生の姉がいたのですが、彼女はスポーツも勉強も学年1位という成績で、田舎の小さな学校のなかで、いつもキラキラ輝いているスター的な存在でした。私はいつもそんな姉と自分を比べて、「私ってなんでなにひとついいところがないんだろう」と思い続け、そのうちに、自分はこんなもんなんだ、とすっかりその状況を受け入れるようになってしまったのでした。

また、そのころから、父と母は当時ではめずらしい家庭内別居となり、財布は別というスタイルで、もちろん共稼ぎで、家にいることは滅多になく、子供のころの家庭はやぶれたぞうきんみたいで、けっしてよい環境と言えるものではありませんでした。

大学にいってからは若干明るくはなったものの、目立つ友だちの脇にかくれてとにかくへらへらして角が立たないように、敵をつくらないように生きていました。

そんなふうに、ぱっとしない人生を歩んできたぱっとしない私が、営業の世界で世界NO．2になって、奇跡かと言わんばかりの逆転ホームランを打ったのですから、家族は口を揃えて言いました。「なんで、裕美《ひろみ》がそんなことに」と。

その理由のすべてが私が実践していた思考法にあると言うと、ちょっと大げさに感じられるかもしれませんが、この思考法なしに今の私はここにいるか？　と聞かれれば、それは絶対にないと思います。

さて、話をもとに戻します。大学を卒業してからもやっぱり冴えない街道をとぼとぼ歩いていた私は、新卒で就職した会社で転勤命令があり、京都から東京にきて、新しい生活と、都会の慌ただしさと、人づきあいに悩み、病気になり、その会社を半年という短期間で辞めてしまいました。

しばらくほかの仕事をしながら、納豆ご飯ばかり食べてひもじい生活をしていたころにブリタニカという会社に出会いました。そしてもう行くところがないという切迫した思いがあり、絶対に無理だと周囲が反対したにもかかわらず、営業の世界に飛び込んでしまったのです。

そこは「日本ブリタニカ」という外資系教育会社で、その昔は百科事典を販売していましたが、私が入社したときは英語教材の販売とスクール運営が中心でした。アメリカ資本のその会社は完全能力主義が当たり前で、やればやるだけ給料はもらえる、しかし結果が出なければ給料はゼロという過酷な「完全歩合制」だったのです。けれどその厳しい環境と出会ったことこそが、私の人生最大の転機になりました。

なぜなら、そこで出会ったのが、この本で紹介する思考法、「陽転思考《ようてんしこう》」だったからです。

私がはじめて「陽転思考」という言葉に出会ったのは入社して間もないころ、当時のボスが会議中にしたこんな話からでした。

「うちの会社は能力主義。『チャンスは平等、結果は不平等』、学歴とかコネとか権力とか金とかそういうことに関係ない能力だけの世界だ。つまりは、能力の差は考え方の差ってことだ。

いいか、十円玉にも裏と表があるように、ひとつの事実には積極的な見方と消極的な見方がある。

交通事故で片足を失った。しかしそれだけの大事故だったら、死んでいたかもしれない。すべてをなくしたように思っても、目も見えれば手も動く。なくしたものではなくて残されたものに感謝する。そのような考え方をする人だけが成功をするんだ」

「私、そんな考え方、今までしたことありません」と前列に座っていた人が言いました。

ボスはそこでニヤッと笑ってこう言いました。「だからな、『陽転思考』という考え方を積極的に自分に取り入れていくだけでいいんだよ」と。

今でも思うのですが、当時の私の唯一の取り柄は「単純」だったということ。田舎者で、世間知らずだったということです。

キラキラしている人たちと自分はしょせん違うのだと思っていた私にとって「考え方を変えたら、どんな人だって人生が開ける」という上司の言葉は心からワクワクするものでした。単純な私にその言葉がストンと落ちないはずがありません。あのころの私にとってそれは希望でした。

私が、人生で初めて「私にもできるかもしれない」と思えた一点の光だったのです。

「和田さんは運がいい」と誰もが言います。

でも違います。裏切られたり、大切な人を喪《うしな》ったり、つらいこともいっぱいあります。

ただ、私には「陽転思考」という思考法があるので、その世界がどんなに真っ暗でも一点の星を見つけることができるのです。

そしてその思考法を身につけているだけで、人生はよい方向に動き始めるのだと少し前から知っているだけなのです。

「ポジティブシンキング」とは何が違うのか

私が最初に説明を受けた「陽転思考」はアメリカ資本の外資系だからか「ポジティブシンキング」と同義の言葉として使われていました。なので、私も最初は両者がまったく同じものだと思っていました。

しかし、試行錯誤しながら実践するうちに、次第に「陽転思考」と「ポジティブシンキング」はとても似ているけれど、その根本は違っているのだとわかってきたのです。

当初、「プラスのことだけを言う」「すべてを肯定する」「いいことしか言わない」というポジティブシンキングの前向きな考え方に衝撃を受け、刺激を受け、感動し共感しました。そして、それを一生懸命に実践した私は、最初のころこそ、自分でもうまくできているように思いました。確かに、気分もよくなったし世界が変わって見えるようにもなったのです。

しかし、気持ちがどんどん上向きになっても、私の能力も同じように一緒に上がっていくわけではありません。毎日、仕事をするなかで、人より自分の能力が明らかに劣っていると感じたときや、思ったような結果を出せないとき、「私、なんでダメなんだろう」「私はこの仕事に向いてないのかもしれない」「このまま結果が出なかったらどうしよう」と情けない気持ちになって、どんどん将来に対する不安を抱くようになっていきました。

「泣いたり心配したり、怒ったり愚痴ったりしてはいけません。不安になったり、疑ってはいけません。悪いイメージは悪い現実を引き寄せます」

このように、ポジティブシンキングでは、マイナスのイメージを持ってはいけないと言われます。悪い現実を引き寄せてしまうからです。そんな未来をわざわざつくりたい人なんているはずもなく、私も当然、そんなネガティブな感情から解放されたくて、何度も気持ちを切り替えようとしました。

「いけないいけない……。こんな悪いことばかりイメージしていたら、もっと悪くなるって知ってるじゃない。明るいことをイメージしないと、もっとひどくなってしまう」

どんどん悲しくなって、悲しみは悲しみを連れてきて、不安は不安を連れてきて、マイナスなことを考えたら不幸になるのに、その感情にとらわれてしまった私は、このまま自分がどんどん悪い方向に行くような気がして、そんな自分を責めて泣きました。

それでも朝になったら、仕方なく会社に行って、無理してポジティブな人を演じ、明るく振るまうわけですが、そんなふうにがんばっても結果が出るはずもなく、さらにまた悪いことばかり考えるという悪循環を繰り返していました。

そんなふうに何日も過ごした私は、ある日、限界を感じ、もう無理だと思いました。このままだと、私の思考はマイナスに流れるだけです。「こうなったら開き直って、悔しさも悲しさも不安も、みんな怖がらずに感じてみよう」と、ついに「ポジティブシンキング」を捨てる決心をしたのです。

所詮私は、考えてはいけないと思えば思うほどそっちに考えがいってしまう弱い人間なのですから、それならそれなりに生きていく方法を見つけて生きるしかないと思ったのです。

そこで、開き直った私は、私流の「ゆるい条件」を決めました。制限をなくして「自分に許しを与えた」のです。

無理に明るくしない。泣いたっていい。心配して不安になってもいい。たまには愚痴ってもいい。落ち込んで暗くなってもいい。嫉妬しても怒ってもいい。

けれど、暗いままの自分ではいたくない。ネガティブな感情をいったん受け入れはするものの、そのままずっと「どろどろとした暗い場所」に居すわることはぜったいに避けたい。

いったんマイナスの面を受け入れて、そのなかからプラスを探して切り替える——それなら、できそう。きっと私にもできる。

そう決めて行動するようになったら、いつのまにか、目の前にある事実からよい事柄を自然に探せることがわかってきたのです。私は少しずつ、どんなに小さなかけらであっても、そこにある事実に必ず隠れているよいものを見つけることができるようになりました。そしてどんどん決断も速くなり、行動力も、踏ん張る力もついて、いい方向に人生が動いていくようになったのです。

悪いことを考えたり、不安なことをまったく想像しないでいられる100％前向きで頑丈な心を持っている人はごくわずかです。

この世のなか、私を含め、多くの人が心配して、不安になって、孤独を感じて、悲しんだり、やるせない気持ちになったりして生きているわけですから、それを否定してしまうと、自分がダメになってしまいます。

なので、「陽転思考」ではポジティブシンキングではタブーとされている、泣いたり、怒ったり、愚痴を言ったり、イライラしたり、嫉妬したり……というマイナスの感情を否定せずに、いったんすべて受け入れることにしています。マイナスなことを考えてはいけないという禁止事項を自分に与えるよりも、その感情を自由に感じて、そのなかから「よかった」を探し、さくっと切り替えることができたほうがずっとずっと楽なのです。

そうして、私は最初に出会った「陽転思考」に自分なりの解釈や言葉を加え、独自の思考パターンとして確立しました。

自分の考え方をあまりに大量に組みこんでしまったので、元祖のそれと分けないと、さすがに失礼だなと思い、わざわざ「新・陽転思考」と名付けていますが、これは単に私の「気にしい」の性格から生まれた小さなこだわりに過ぎません。

だから、みなさんは別に「新」とつけずに、そのまま「陽転思考」と呼んでくださ い。そのほうがシンプルですしね（笑）。

失敗してよかった！

自分を肯定する7つの思考パターン

目次

第1章
自分を肯定する7つの思考パターン

第2章 思考パターンを定着させる7つのプロセス

第3章 思考パターンだけで運命はこう変わる

あなたにおこる変化

コミュニケーションにおこる変化

第4章 すべての事実は陽転できる

この本を読んでいただく前に

思考パターンというのは、頭にこびりついて身体に染み込ませてしまうまで繰り返さないと、なかなか自分のものになりません。

なので、この本では、「しつこさ」をモットーに何度も同じことを伝えます。

「陽転思考」というのは、今、目の前にある事実をしっかりと受け止め、そこから「よかった」を探すことです。

どんなに真っ暗でも、そこから一点の光を見つけることです。

そして、真っ暗な世界にずっといるか、光に向かって進むか、どちらがいいか自分で選んで決めることなのです。

今の現実から逃げず、今の現実を否定することもせず、自分を肯定し、明るい方向へ人生を進めることで、目標を達成し、人とうまくつきあうことができるようになり、どんどん幸せになっていくのです。

これは誰にでもできる思考法です。

物事をマイナスの方向に考えてしまいがちな人や「こんな自分でも幸せになれるの？」と弱気になりがちな人でも簡単にできるようになります。

どうか、安心してここから前に進んでください。

第1章
自分を肯定する7つの思考パターン

01 人は幸せになるために生まれてきた

私は、「人は幸せになるために生まれてきた」と思っています。

しかし、「幸せ」といっても、人の境遇はそれぞれだし価値観もそれぞれなので、いったい何が「幸せ」なのかちょっとわかりにくいかもしれません。

私の考えを押しつけるつもりはないのですが、ここで私が言う「幸せ」というのは、物質的なものを単に所有していることではなく、「嬉しい」、「愉しい」、「ワクワクする」などの感情を持つことです。

私たちは、ついついほかの誰かと比較して、自分を惨めに思ってしまったり、人よりも恵まれていると感じることで、自らの「幸せ」を測ってしまいがちです。

けれど、たとえば、日本人に生まれたこと、ご両親から生まれたことなどはどれだけ比較しても変わらない事実。

自分の人生のなかで、笑ったり誰かを愛したり感動したりすることや、それを心で深く味わうことができることこそ、何よりの幸せではないのでしょうか。

これからの人生で、私たちはもっともっとその感情を持てるし、さらに学べるはずです。

だから、あなたは「幸せになるために生まれてきた」と言いたいのです。

人生で迷ったり、選択を間違いそうになったときこそ、「幸せになるために自分が選ぶべき道はどっち？」と自分に問いかけてみてください。


さて、陽転思考という考え方を身につけた途端、夢が叶ったり人生がいい方向に向かっていく人がいます。

私のところにも、そういった嬉しい声が毎日たくさん届きます。

そういう人はみんな、「自分が幸せになることを許した人」です。

ということで、次のステップからは陽転思考を身につける方法について詳しく書いていきます。

02 事実はひとつ、考え方はふたつ

物事にはプラスの面とマイナスの面があります。

一般的にポジティブシンキングといわれている考え方では、プラスの面だけを見るようにして、マイナスの面は見ないようにします。

一方、陽転思考では、プラスとマイナスの両方を見て、どちらがいいか自分でチョイスする方法を採ります。

もしくは、100%マイナスにしか見えない物事からプラスを探して、そこからマイナスとプラスをもう一度見直して、どちらがいいかを自分でチョイスする考え方です。

ここに二人の男性がいたとします。

AさんもBさんも、仕事で大失敗しました。

二人とも上司に叱責されて、「あー、もうおしまいだ。クビになるかもしれない」と、とっても落ち込んでいました。

Aさんは自分を責めて、次の日も「自分なんか、どうせダメなんだ……」とへコんだまま会社に行きました。

会社に行って、やる気なさそうに無表情になっていたAさんには、周りの人も話しかけにくく、だんだんAさんを疎ましく思うようになります。

Aさんは孤立して、さらに人と話すのが嫌になっていきました。

そのせいで余計に、ひとりで仕事を抱えすぎて処理できなくなり、また小さなミスをしてしまいます。

そうしているうちに自然と自分の居場所が会社になくなって、ますます嫌になって会社を辞めてしまいました。

彼はクビになったのではなく、自分で辞めたのです。

今度はBさんです。

同じように落ち込んでいたBさんですが、泣いても怒っても事実は同じだと思いました。そして、「失敗したという事実を変えられないのだったら、ここから学んだ、何かいいことを探してみよう」と決心したのです。

「今まで自分の力を過信していたからだ。これ以上悪くなる前に問題が発覚してよかった」

「これは大きな失敗だけど、ここで気が付かなかったらもっと大きな失敗をしたはず。今のうちに、気が付いてよかった」

「自分の不注意から、人に迷惑をかけた。今後そういうことがないように、自分が有頂天だったと気付かせてくれたメッセージだと思おう」

「つらいけど人に謝ることを教えてもらってよかったじゃないか。ここで素直になって、感謝しよう」

そして彼は思います。

「明るく出社して素直に謝って、新人のころのように初心に戻ってやりなおそう。きっとそんなチャンスをもらったのだ」

会社に行ったBさんは明るく挨拶し、上司に謝罪しました。

すると上司も、「昨日は言いすぎた、私の指示もよくなかったのだ」と言ってくれました。

元気に出社したBさんを見た同僚たちが集まってきて、「がんばろうな」「明るい顔して来たから、さすがって思ったよ」と言いました。

彼はそこから新たな活躍の場を見つけて、ますますがんばろうと思ったのです。

Aさんの人生、Bさんの人生、どちらの人生がいいですか？

考え方を変えただけで、一方は新しい人生を拓けたのです。

逃げても騒いでもだだをこねても、そこにある事実は「なかったこと」にはなりません。

03 目の前の事実から「よかった」を探す

ある日テレビを見ていたら、派遣切りで仕事を失ってしまった男性がインタビューを受けていました。

ほかの同じようなニュースでは「どうしていいかわからない」、「先が見えません」というコメントが多かったので、どうせ同じようなコメントだろうと思って途中まで聞き流していたのですが、その男性の言葉が耳に飛び込んできて、はっとしました。

インタビューをされていた彼は34歳。

今まで一度も正社員になったことがなく、正社員になろうとしたこともなく、アルバイトと派遣社員しか経験したことがありません。

けれど、彼はこう言いました。

目の前の事実を受け止めて言いました。

「ある程度の時給と住まいが手に入るという環境に安易に流されて、いつかちゃんと正社員になる努力をしなきゃなあと思いながらも、ずるずると今になってしまったんです。そして気が付いたら、僕はもうこの歳になってしまっていたんです」

そこで彼は少し考え込むように黙り、あらためて顔を上げて、笑顔でこう言ったのです。

「今回の件で、今までの自分の生き方を反省することができました。僕にとっては再スタート。チャンスなんです。実家に帰るきっかけになったし、先は確かに見えないけれど、きっとよかったんだと思います」

彼は、リストラというひとつの事実のなかから「よかった」という明るい側面を見つけ、明るい方向を自分で選んで、笑っていました。

しかし同じ状況にいる人でも、「なんてついてないんだ……」といったことばかり考えてしまう人もいます。

そんな人は、

「ひどい、こんなにがんばってきたのに」

「会社には情というものはないのか？」

「なんで俺ばかりこんなつらい目にあうのだ？」

「友だちに馬鹿にされたらどうしよう」

「田舎に帰っても仕事がないだろうし……」

と、すべて悪い方向に持っていきます。

同じところからスタートしているのに、進む道が全く違うのです。

同じ目の前の事実から「よかった」を探した人のその後の人生、「ついてない」ばかりを探した人のその後の人生、実はどちらも自由に選べるのです。

もう、どちらがいいかなんて聞くのも野暮ですよね。

人生にはいろいろなことが起こります。失恋、失業、失敗、挫折、病気、大切な人の死……。

無責任なように聞こえるかもしれませんが、泣いても笑ってもそのような事実が消えることはないし、死んだ人が生き返ることもありません。

つらいことがあったとき、その事実そのものは一見真っ暗な闇です。泥がいっぱい詰まったバケツのようです。

けれど、どんな暗黒であっても遠くにひとつ、一点の明るい星があるのです。どんな泥バケツにも、「えいやっ」と思い切って手を突っ込んでかき回せば、1個くらいは輝く石がまじっているものです。

ただ泥のバケツに手を入れて「よかった」を探すと言っても、問題が大きすぎたり悲しみが重すぎたりすると、本当にそこに「よかった」があるのかどうか不安になると思います。

そんなときは、最初にとにかく「よかった」と口に出してしまうことです。暗澹《あんたん》たる気持ちで絶望していてもいいのです。

とにかく、嘘でもいいので「よかった」と言うのです。

「怪我をしてよかった」
「失敗してよかった」
「財布をなくしてよかった」

そして、そこから自分に問いを立てます。「なぜ？」と自分に聞くのです。

理由を見つけてから「よかった」と言うのではなく、先に「よかった」と言い、そのあとに理由を探すのです。

人は質問されると本能的にそれに答えようとします。そうすると質問で頭がいっぱいになります。脳がひたすら「よかった」を探し始めます。

なぜ？　なぜ？　なぜ？

なぜ、よかったのか……？

頭のなかの膨大な情報のなかから、「よかった」にひっかかるキーワードを必死で検索します。

「入院するほどの怪我でなくてよかった」

「相手に怪我をさせていなくてよかった」

「自分の不注意さに気付けてよかった」

「初心に戻ることができてよかった」

「素直に人の話が聞けるようになってよかった」

「大勢の人に迷惑をかけるような失敗でなくてよかった」

「新しい財布を買えてよかった」

「大金を入れてなくてよかった」

「クレジットカードを別にしておいてよかった」

一度検索にひっかかると、そこからたくさんの「よかった」が出てきます。

この「なぜ？」という問いを立てて、「よかった」を探す方法は、無意識に「よかった」を探せるようになる思考パターンを身につけるトレーニングのようなものだと思ってください。

「なぜ？」と自分に問いかけた瞬間が、泥のバケツに手を入れた瞬間なのです。

04 「過去のものさし」を捨てる

「過去に失敗したことがある」、「小さいころにいじめられた」、「昔から何をやっても続かなかった」などの思い込みにとりつかれてしまうと、どんなことに対しても、それを基準にした「過去のものさし」で測ろうとする癖がついてしまいます。

でも、目の前の事実も未来の可能性も過去のものさしでは測れません。

過去しか測ったことがないもので、どうやって未来を測ることができるでしょう?

もし私が、過去のものさしで未来を測って生きていたら、ずっと人前で話せなかっただろうし、本も書けていないと思いますし、会社もつくっていません。

あのころの、情けない私のままだったはずです。

今、そこにある「過去のものさし」を脇に置いたとしても、誰にも迷惑はかかりません。

目の前の事実に向かうとき、その「過去のものさし」で測ることをやめてください。

05 物事を俯瞰する

人の悩みを聞く機会が多いのですが、「なんだ、そんなことで悩んでいたの？　全然大丈夫だよ。たいしたことない」と言えるくらいの問題でも、本人は「でも、だめなんだ。だって、もうどうしたらいいか……ああ、どうしよう……」と、冷静さをなくし、パニックになっていることがよくあります。

これは立場が入れ替われば、自分のときもそうだということ。人の悩みは軽く見えて、自分の事だと重大な問題になるのです。

自分の問題はその渦中に自分がいて、客観的にその問題を見つめることができないのです。

反対に、他人の問題は、ちょっと距離をおいて見ることができます。だから、冷静な判断ができるのです。

自分の問題だから見失ってしまうのですが、陽転思考ならこの問題を客観的に見ることができます。

事実はひとつ、
考え方はふたつ。

ふたつの考え方からひとつを選ぶという方法は、物事に対してちょっと距離をおいて見るということ。渦中から飛び出さないと、ふたつを比べて見つめることはできません。

常に「よかった」と「ついてない」のふたつを比較していることで、物事を客観的に見る力が備わり、パニックになって感情に呑み込まれた状態から抜け出せるのです。するると、自分の人生においてどれが進むべき道なのか、間違うことなく選べるようになるでしょう。

たとえば目の前にひとつの事実があります。

最初は、「最悪だ」とパニックに陥ります。

←その事実から「よかった」を探します。

←「最悪だ」と「よかった」を並べておきます。

←「さて、どっちを選ぼうかな」と二者択一の状況をつくります。

そのふたつのどちらかを選択するためには、ちょっとそこから離れないとふたつを見比べることはできません。

手のひらを顔に近づけていくと、手のしわも指紋もどんどんぼやけて見えなくなります。でもちょっと距離をおいてみるとよく見えるのです。

これと同じように、二者択一の環境をつくることで、そのふたつからちょっと距離をおいてそのことを冷静に見つめることができるようになります。

そして、自分の優柔不断な部分や、焦って判断を誤ることがなくなってきます。

続けてやっていると、これはきちんと習慣になります。

06 二者択一の状況をつくる

営業をやっていたとき、相手に決断してもらいやすいように、二者択一で質問していました。

たとえば、リンゴを食べたくなってスーパーに買いに行ったとします。

普通、スーパーには3、4種類くらいのリンゴがおいてありますが、そのスーパーには世界中の100種類くらいのリンゴがあるとします。

そこで売っている人が、こう言います。

「さあ、お好きなものを選んでください。たくさん種類がありますよ。赤も青も白もめずらしい黄色も全部おいしいですよ。これはアメリカ産、これは青森、これは我が家のリンゴ農園で無農薬。こちらは甘いし、あちらはシャキッとしてて、少しすっぱいのもありますよ。どうします。お好きなものを選んでください」

こんなとき、どうしますか？

普段から決断力のある人は、すでに「決めている」のでそんな人の説明を聞き流しながら「へぇ、おいしそうですね。でも私はふじが好きなんです」と、悩むこともなく、さっさとリンゴを取ってレジに向かいます。

けれど、優柔不断な人は、

「えー、これもそれも食べてみたいけれど迷います。えー、甘いのもいいし、ちょっと酸味があってもいいし……その大きいのはおいしいですか？　ああ、それもいいですね。この青いのはどこが産地ですか？　へぇ、南米ですか。どれがいいでしょうか？」

「どれもおいしいですよ」

「どれもいいですか……ええっと、ええっと」

と時間がかかって仕方ないのです。

「たかがリンゴで……」と思った人もいるでしょうが、目の前にあることは「たかがリンゴ」ではなく、もっと重要なこと。

私も優柔不断なので、悩む時間が長くなるとだんだんテンションが下がってきて

「リンゴ」を食べたくなくなってしまい、「また今度にしよう」と、買わずに帰ってしまうこともあります。

そう、この先延ばしにされた「リンゴ」こそチャンスや挑戦です。

チャンスがなかなかつかめない人は、たいてい優柔不断が原因です。

こんなふうに優柔不断な人が決断するためには、たくさん選択肢があってはダメなのです。

そこで二者択一の環境を無理矢理にでもつくってみるのです。

「今日はふじとスターキングが新鮮ですよ。歯ごたえで買うならこっちですよ。甘さで買うならこっち、どっちが好きかな?」と聞いてもらったら、「じゃ、歯ごたえで……」と選びやすく、決断も速くなります。

ふたつの選択肢を目の前におくと、どちらかを選べます。選ぶということは、すなわち「決断する」ということ。

決断したら前に進みますから、行動に繋がっていくのです。

陽転思考は、この二者択一です。だから優柔不断な人でも大丈夫なのです。優柔不断な人にこそ向いている考え方なのです。

二者択一の環境をつくり、決断が速くなると、確実に自分の人生は変わります。

決断のスピードが速くなると、時間を無駄にすることなく、次のアクションへの対応が早くなり、チャンスを逃さなくなり、ワクワクしながら前に進めるようになるので、夢にどんどん近づいていけるのです。

陽転思考の思考パターンが定着すると、悩む時間が人より短くなってきます。それは、陽転思考のパターンが、脳のなかに無意識に決断回路のようなものをつくってくれるので、どんどん決断がスピードアップしていくからです。

また、うまくいかないことがあっても、この思考パターンがそなわると、「このぐらいの失敗でよかった」と言いながら、さらに先へ進めるのです。

速いことばかりがいいと言うつもりはありません。ただ、悩んで苦しんで、結局何もしない時間のなかで生きていてほしくないのです。

07 いいことは気持ちよく連鎖する

「よかった」を探して、気持ちを切り替えて決断すると、おのずと行動が生まれます。「私は絶対に幸せになるために生まれてきた」という考え方を忘れないでいると、落ち込んで暗かった自分が、生まれ変わったように前に進んでいくことができます。だから、あの落ち込みがあったからこそ、あの失敗があったからこそ、陽転できて行動に繋がったともいえるのです。

あのとき失敗してよかったのです。つらくてよかったのです。そのおかげであなたは「新たなスタート」を切ることができたのですから。

今がどん底であろうと、過去が最悪であろうと、陽転思考をしたその瞬間がワクワクする未来へ繋がるスタートラインになるということです。

失恋は次の恋へのチャンス。

失業は次の仕事へのチャンス。
悲しみは強くなるチャンス。
孤独は自分を見つめ直すチャンス。
失敗はやり直しのチャンス。

失敗は財産になります。心をきたえる材料になります。なので、「失敗してよかった！」とすら言えるようになるのです。

「和田さん、何だかどんどん人生が明るくなってきて、仕事も見つかって、新しいパートナーもできて、夢に近づいていています」というような報告をくださる方が本当にたくさんいらっしゃいます。

陽転思考のいいところは、ただ「よかった」という明るい道を選べるということだけではありません。そこからますます物事がよい方向に向かっていくスパイラルにはまっていくということなのです。

これは、明るいほうにボールが転がっていくようなものだと私は思っています。

たとえば、ボウリングのレーンが自分の目の前に2本あるとします。それは、「よかった」のレーンと「ついてない」のレーンです。

「ついてない」のレーンにボールを転がします。

ゴロゴロゴロゴロと音を立ててそのボールは転がっていきます。

しかし、その「ついてないレーン」には「ついてない」ということを立証するための不幸の屑がいっぱいあるのです。

ボールは転がりながら、そんな屑を表面いっぱいにくっつけていきます。ボールは、少しずつ不幸の屑をくっつけて、いつしか大きな不幸のボールになるのです。

そして周りも巻き込んでいきます。一緒にいる人まで気分が悪くなったり、落ち込んだりしてしまうのです。どんどん暗い気持ちが増えていくので、きっとこんな状態では、次のチャンスも逃してしまいます。

悪いイメージが悪いことを引き寄せるのではなく、現実にボールがそちらに転がったので、当たり前のようにくっついただけなのです。

どんどん悪くなるスパイラルというのは、悪いことばかりがなすすべもなく引き寄せられてくるものだと勘違いする人が多いのですが、そうではありません。こちらから能動的に不幸の屑を拾っているだけなのです。

では、「よかったレーン」にボールを転がします。

そのレーンには、「よかった」を立証するために存在するようなダイヤモンドのかけらみたいに美しく光る石がたくさん落ちています。

「就職活動の経験ができた、だからよかった」

「新しい分野に挑戦できた、だからよかった」

「新人の気持ちになれた、だからよかった」

ゴロゴロゴロゴロとボールは転がって前に進みながら、表面にキラキラ光る石をくっつけていきます。

そして、どんどん大きくなって、周りも巻き込んでいきます。

幸せな気分が広がっていくので、一緒にいる人も元気になって周りに笑顔が増えていきます。

こんな状態だったら、きっと次の仕事も見つかるはずです。

どんどんよくなるスパイラルとは、いいことを考えるからいいことが引き寄せられるようにやってくるのではなく、自分から能動的にたくさんの「よかった」を拾っているということなのです。
引き寄せたのでなく、巻き込んでいるのです。

うまく陽転できない人たちへ

自己否定の「よかった探し」

どんな事実にも必ず「よかった」があります。

「よかった」を見つけることができれば、人生が好転していくのはまぎれもない事実なのですが、ときどき、「よかった」を見つけたはずなのに、なぜかどんどん気持ちが塞いでしまうときがあるのです。

そんなときはおそらく間違った「よかった」探しをしてしまったとき。

たとえば「自分には無理だとわかって『よかった』」というような「よかった」の見つけ方です。

無理だとわかったので、もう無駄な努力もしないでいいし、これから先の大きな失敗を避けることができる。損をしなくてすむから、「よかった」という考え方です。

どうせ痩せない体質だから、ダイエットしても無駄。

どうせモテないから、合コンに行っても無駄。

どうせバカだから、受験勉強なんてしても無駄。

するとだんだんと
「別に、痩せたくない」

「別に、恋人はいらない」

「別に、合格したくない」

と、開き直ってしまいます。

こんなふうに何もしない自分を正当化して「できないんじゃなくて、やらないんだ」という考え方をしてしまえば、自分という人間が、惨めにならないですむのです。

自分の本当の問題に向き合わないでいいので、この一瞬はとても楽です。

しかし、この「よかった」の見つけ方では幸せになれません。

歴史を振り返っても、「何もしなかった」人がどんどん幸せになったということは、皆無なのです。

エジソンは何度も何度も実験をして失敗するたびに「この方法ではダメだとわかっただけでもよかった」と言い、さらに新しい実験を試みました。

もしエジソンが「自分には（実験をしても）発明するのは無理だとわかってよかった」と言ったら？

彼は、７７００回も実験をしなかったし、今エジソンの名前を知る人は誰ひとりいなかったはずです。

自己否定の上の「よかった」探しは１００％存在しないということを覚えておいてください。

自分に「ダメ」というレッテルをはって、可能性を自分でつぶしてしまえば、できないことが増えていくだけです。免罪符を与えて自分をみくびってしまうことで幸せになれる人などいないのです。

とことん、素直になってみること

このような自己正当化は、心理学では「セルフ・ハンディキャッピング」というそうです。心理学で名前がついているぐらいですから、多くの人が無意識にやってしまうことでもあります。

だからこそ意識的に「立ち止まって考える」ようにしたほうがいいのです。

私たちが間違った「よかった探し」をしてしまうときは心のなかの糸がこんがらがったように複雑になっています。

こじれて、こじれて、行き先がわからなくなってしまっている状態です。

ここから抜け出し、こじれをほどくためには、原点に戻るしかありません。

原点に戻るということが「立ち止まって考える」ということです。

素になって、「人はどう見るか」「人はなんと言うか」「世間の常識では」といった、いろいろな外部のものを一回遮断して自分に向き合って、とことん素直になって、自問を繰り返すのです。

才能があるかないか、できるかできないかではなく、たったひとつ自分に聞くことは「私はどうなりたいのか？」ということだけです。

「本当は痩せたい」

「本当は恋がしたい」

「本当は合格したい」

その本音を自分の外側に引っ張りだして、「あ、痩せたいんだ、私」と、その「本当」を認め、あとはワクワクしながら、動いてみるだけです。

もちろん成功哲学のようにどんなことも「やればできる」などと言う気もないし、やってみても、痩せないままで、恋人はできないままで、受験もダメかもしれないけれど、どうせ無理だと思ってまったくやらなかった人生とは比べものにならないくらいの大きな価値があるはずです。

だから、やってみてできなくてもいいのです。そんなところにも「よかった」があるので、その「失敗」でさえ自分のスタートになるのです。

そうやって、気付いていけば、いつしか「間違ったよかった探し」などまったくしなくなっていきます。

第2章
思考パターンを定着させる7つのプロセス

陽転思考をわざわざ意識しなくても、「そんなの前から自然にやっています」という人もきっといると思います。

しかしわかっていてもなかなかできない人の方が多いということが、人と関わるという仕事を何年も続けさせてもらった経験から身にしみてわかってきました。だからこそ多くの人にこの考え方をお伝えする機会を持つたびに、どうやったらわかりやすく伝わるかなあと何年もかけて必死で考えたり、言葉を模索し続けてきたのです。

すぐにネガティブな考え方にとらわれてしまう人や、頑固者でなかなか理解しない人もいました。

過去への憎しみが大きすぎた人には、「あなたは僕の人生なんて知らないのに、無責任なことを言うな」と怒鳴られたりもしました。

そのたびに、陽転思考をどうやって伝えるか、そのことだけ、とにかく試行錯誤して考え続けてきたのです。

営業の本を書いても、話し方の本を書いても、人づきあいの本を書いても、目標達成の本を書いても、エッセイを書いても、どの本にも私なりの「陽転思考」をすべてのベースとして意識的に取り入れてきました。

たくさんの人がどんどん人生を好転させていった事実は、本当です。だから私は人の考え方は必ず変わるのだと、信じています。

そしてもうひとつ伝えたいことは、陽転思考はけっしてスピリチュアルな考え方ではないということ。あくまでも「考え方」という現実的な方法なので、目に見えないことを信じる、信じないといった話ではなく、ひとつの「公式」、ひとつの「方法」なのです。だから、誰にでもできるのです。

そしてマイナスを受け入れてもいいので、どんな人でも取り入れやすく、身につけたら一生、自分のものです。

今まで生きてきた間、ずっと今の自分の考え方と一緒だったはずです。今日すぐにすっかり変わることができればいいのですが、考え方は人それぞれなので、すぐに変われない人もいれば、わりと早く陽転体質になれてしまう人もいます。けれど、だんだんと頭で理解したものを少しずつ実践していけば、やがてそれが習慣になり、意識しなくても自然にできるようになります。

野球のイチロー選手もゴルフの石川遼選手も練習、練習の毎日です。どれだけすごい人でも基本をしっかり身につけて、そしてトレーニングを欠かさないのです。

1回だけ「よかった」を探してみて、「やってみたけど、いい人生にならない」とすぐに結果ばかりを求めてはいけません。

最近はすぐに結果を求める人が増えたといいますが、結果が早いものには副作用があったり、リバウンドしやすいので、焦らずに、のんびりとが一番です。

だんだんと変わるプロセスを大事にしてください。

こつこつ、とにかく続けてみてください。

01 「よかった」を書き出す

さて、そうは言っても、「事実はひとつ、考え方はふたつ」と考える習慣を身につけるためにはどうしたらいいのか……。

私が実際にいろいろな人にやってもらっている方法のひとつに、「よかった」を書き出すという方法があります。

■用意するもの／真っ白な紙、ペン

真っ白な紙には、あらかじめ真んなかに線を引いておきます。

1. 今、目の前にある事実に目を向けます（どういう状態かを感じます）
2. その事実によって自分が受けた障害、損失、ネガティブな感情を、線を引いた右

側に書き出します
3. 書き出したものを見つめます（泣いてもいいです）
4. 「この状態のなかに『よかった』はないか？」と自分に質問してみます
5. そこから「よかった」をとにかく探します、1個でもいいのです
6. 見つかった「よかった」を左側に書き出します
7. 右と左を比べてみます
8. どっちの考え方が「自分が幸せになるために必要か？」を基準に選びます
9. （8で左を選んだことを前提に）8で選んだ「よかった」を声に出して読みます
10. 笑う（無理しても笑顔をつくってください）

02 1日1個の「よかった」を見つける

わざわざ紙に書かなくても、日常のことなら自然に「よかった」を探すことができます。

今度は、日常から小さな「よかった」を見つけてください。最低でも1日1個です。

これも、思考パターンを定着させやすい方法です。

ただ、もう1回確認しておきますが、陽転思考は「臭いものに蓋をする」という考え方ではないので、「いいよ。大丈夫だよ。まあ仕方ないよ」という表面的な軽い「よかった」探しは間違っています。

「よかった」を探すときの約束として、そのなかに必ず「反省ワード」や「学びワード」を取り入れます。

「自分の驕《おご》りに気が付けてよかった」「自分がまだまだ未熟だと気付けたから目標ができた、よかった」「初心に戻って、やり直す気持ちの切り替えができてよかった」

などです。陽転思考には、気付きと謙虚さが必要です。

私の講演を聴いた高校生の女の子から、お手紙が届きました。

その子は毎日の日記の最後の1行に、「よかった」と先に書いたそうです。そして、その日の夜に日記を書くとき、最後の1行にすでに書かれている「よかった」にあわせて話を終わるようにしたのだそうです。

「今日は友だちとけんかをした。よかった」では変なので、「今日は友だちとけんかをした」と「よかった」の間に「なんでよかったか？」を自分でひねり出して書く、まさに「陽転日記」です。

「友だちとけんかをした」

↓

（　　　　　　　　　　）

↓

「よかった」

「友だちとけんかをした。お互い言いたいことを言えたしすっきりした、よかった。ああいう言い方をしてはいけないと学べたし、よかった。もっと理解しあえるきっかけになるかもしれないし、よかった」

最初はなかなか「よかった」が出てこなくて日記を書けない日もあったそうです。けれど、続けるうちにどんどん「よかった」を見つけるスピードが早くなって、毎日が明るく楽しくなったと、その手紙には書いてありました（その子は16歳だったので、陽転思考に年齢は関係ないようです）。

03 30日間続けてみる

何かの宣伝コピーみたいですが、脳も身体もある程度継続すると、それが当たり前になってくるそうです。

これは実際に、何人かの権威ある先生方から学ばせていただきました。

ただ、2週間という方もいれば30日間という方もいて、正直、私は医学的なことは無縁なので、いったいどれが正しいのやらわからないのですが、どの先生も共通しておっしゃることは、前頭葉（人間の思考や感情を制御する機能を担っている）のプログラムは、継続することによって変わるということです。

記憶は消えないので、「上書き」されるというほうが正しいかなと思います。

ただ、私は何でも継続期間は長いほうがいいと思っているので、30日間という長いほうをおすすめしています。とにかく習慣にしてしまうまで、継続してください。

私も朝の歯磨きが子供のころは面倒でしたが、今では歯を磨くことは当たり前で、むしろ気分が良いのです。続けてきたら、いつのまにかそれは当たり前になり、自分と一体化するのです。

それと同じように、陽転思考という思考パターンも生活の習慣にしてしまってください。

いちいち「そうだ、『よかった』を探そう！」と意識しなくてよくなります。

04 ネガティブなものとは距離をおく

「和田さん、陽転思考できましたが、家に帰るとお母さんがマイナス思考で、いつも彼女に引っ張られてしまいます。彼女と話をするとイライラしてしまって、陽転できなくなってしまうのです」

という悩み相談がありました。

この場合、一番いい解決方法はお母さんと一緒にいないことです。方法としては「家を出てひとりで暮らす」というのが本当は一番いいのです。

それは「……」と思うでしょう？　お母さんなのだから努力して仲良く一緒にいてあげてよと思うでしょう？

でも、仕方ないのです。

陽転思考が定着していないときは、自分の環境にいるマイナスの考え方を強要する人をできるだけ避けたほうがいいのです。

親子とはいえ、お互い人間です。これは冷たいとかでなく、自分が強くなってから自分の考え方をお母さんに伝授してあげたらいいのです。

たとえば、陽転思考が定着していない時期に、マイナスばかりを言う友だちに1時間くらいこんなことを言われたとします。

「人間なんて、生まれたときから人生決まっているんだよね。夢なんか見ても仕方ないし、無駄だよね。あんたの夢もどうせ叶わないから、期待しただけがっくりして傷つくからね」

何となく、しんどくなってきます。未来も暗い気がしてきて、テンションも下がります。

私も心が弱くなっているときは、やられてしまいます。滅多に風邪をひかない私が、疲れているときに風邪をひくみたいに影響を受けてしまいます。

もちろん本人に悪気はないと思いますが、できるだけ関わらないほうが本当はいいのです。

もし私が毎日、あなたのそばにいたら、「もう和田さんやめて」と嫌がるくらい「よかった」を探させます。ほかの影響をはねのけるくらいに一緒に陽転していきます。

しかし、私はずっとあなたのそばにいることはできないので、どうか自分で自分を守ってほしいのです。

だんだんあなたが強くなってきたら、相手の話を聞いて、相手のマイナスを吸収して楽にしてあげることで、相手にプラスの影響を及ぼせるようになります。そのほうがお互いにハッピーです。

陽転思考が自分のものになるまでの期間と、心が弱っているときには、ネガティブなものとは距離をおきましょう。

05 わがままになる勇気をもつ

さて、そうはいってても個人の事情もあるでしょう。

お母さんのことを相談してきてくれた彼女は、こういう状況でした。

「私は離婚して1回実家を出てから戻っていて、生活費や子供のことを考えると、今は一緒に住むしかないんです」

「では、あなたがわがままになってください」

「わがままですか？」

「はい、わがままになる勇気をもつんです」

これが私の答えです。

人に影響されて苦しむ人のほとんどは、ものすごく繊細で思いやりのある人なのです。

相手についついあわせてしまう。相手に共感してあげたいと思う、とてもやさしい人が多いのです。だから、心が折れたりいろいろなことに前向きになれなかったりしてしまいます。なので、私は「自己中心的になってください」と言うのです。

お母さんが「あなたの夢なんて叶うはずないでしょう。もっと現実的になってちょうだい」「あなたは頭が悪いのだから高望みしてもしょうがないでしょう」とネガティブパンチを打ってきたら、「そうだね、あなたの子供だしねえ」と言いながら、鼻歌でも歌いながらその場を去る。

もしかしたら相手は激怒するかもしれませんが、知ったことではありません。あなたはわがままになる勇気をもって、部屋にこもってヘッドホンで好きな音楽でも聴いてください。相手にしないことです。

自分のことや身の回りのことをちゃんとして迷惑をかけないようにしさえすれば、あとは自分中心でいいんです。共感したり、話を聞いてあげようなどという思いやりはこの際、捨ててみましょう。

私はあなたに幸せになってほしいのです。本当に幸せになってほしいのです。

あなたがわがままになって、嫌われたとしても、あなたが幸せになったほうがいいのです。

06 アウトプットして人を巻き込む

陽転思考を自分のものにするとっておきの方法、それは人に伝えるということです。

私は幸運なことに、「人に何回も伝える」ことが仕事です。伝えれば伝えるほど、私の考え方は強固になっていくのです。悩み事があっても、講演で陽転思考の話をすると、講演が終わったあとには「まあ、なんとかなるかな」と思えたりします。

だから、人に伝えることが何よりも自分のものになりやすいのだと、私自身、一番実感しています。

なかには伝えても響かないことがあると思いますが、相手が自分の人生においてどんな考え方を選んで生きていくかはその人次第なので、伝えた結果を気にせずに、伝えたことで、相手もきっといつかは得すると思っておけばいいのです。

また、アウトプットは書くことでもかまいません。

私のブログに毎日のようにコメントをくださる方がいますが、まさに彼らも「書く」ということで「陽転思考」をアウトプットしています。

さて、実は以前に熱があるつらい状態にもかかわらず、講演会を行ったのですが、講演後のサイン会でひとりのおばあさんがにこにこ笑って私の手を握って言いました。

「私ね、もう86歳なんです。感動しました。今からでも陽転思考しますね。もういつまで生きているかわからないから、生きている間に聴けてよかった。本当に今日来てよかったです」

講演中からどんどん活力がみなぎってきていたのですが、その言葉を聞いて、熱なんてまったくどうってことないくらいに元気になりました。アウトプットして、「ありがとう」をもらうことで、幸せがふくらんだからです。

07
感謝リセットする

「よかった」を探そうとしてもなかなか見つからないとき、どうしても気持ちの切り替えができないときは、とことん落ちるところまで落ちてみてください。

どん底かなと思ったときに、今、自分が持っているものを探してください。家族、仕事、命、健康、視力、友だち、何でもいいです。

あなたが持っていて、誰かが持っていないものが必ずあります。何もかも失ったような気持ちかもしれませんが、あなたはまだ持っているものがあります。


底がありました。

底なしではありませんでした。

底があってよかった。

これ以上落ちないでよかった。

身体が丈夫でよかった。
子供がいてくれただけでもよかった。
仕事があるだけでもよかった。
愛する人がいてよかった。
命があってよかった。

そして必ず、今持っているものに「ありがとう」と言います。じっくり心を込めて言います。
そこから必ず、焦らずとも明るい光が見えるはずです。

第3章
思考パターンだけで運命はこう変わる

私は会社の壁にアクリルアートを飾っています。

夜をよじ登ろうとする人がいて、「どんな夜だって乗り越えられる」という言葉が一言添えられています。私はその言葉が好きで、何気なくよく見ています。

「早く明日にならないかな」とワクワクしてしまう夜もありますが、「明日なんか来なきゃいいのに」と不安でつぶされそうな夜もあります。

そして、どんな夜だって必ず明けます。

明日に何がありますか？

明日って、必ずやってくること以外、私たちには予測不可能ですよね。

けれど明日が確実にやってくるのであれば、今の瞬間も明日に繋がっています。

どうせどちらかわからないのならば、明日に向けてワクワクしたほうが得なような気がしませんか？　そのぶん多く、幸せをもらえているような気がしませんか？

だからこそ、気持ちを切り替えて毎日せっせと「よかった」を探すのです。朝からワクワクできるように。

未来なんて誰にもわからないものですが、せっせと「よかった」を探して生きていくと、早い人は3分後くらいに、本当によくなっていくのです。

これは不思議なことでも何でもなく、未来は本当に自分で創れるという事実からきているからだと思うのです。

心を切り替えると、次の瞬間にはもう未来が書き換えられているという実感です。

目の前に、いろんなジグソーパズルのばらばらになったピースがたくさんあるとします。そのピースをひとつひとつ自分で選んで、大きな1枚の絵をつくるのです。陽転思考をしていると、あなたは「よかった」のピースを無意識のうちに探します。陽転思考に慣れてくると、あなたはどんどん「よかった」のピースを探すのが上手になってきます。

目の前には、「よかった」のピースのほかに「ついてなかった」とか「どうせ無理」というピースもあります。けれど、あなたはちゃんと「よかった」というピースを選んで、大きな大きな1枚の絵を仕上げることができるのです。

ときどき、よく似たまぎらわしいピースもあるので、絵をつくり始めた当初は、間違って「ついてない」ピースを選んでしまうこともあるかもしれません。けれど、絵がどんどんできてくると、おかしなピースに気が付くので、ちゃんと入れ替えることができるようになります。

そうして「よかった」のピースでつくったジグソーパズルの絵は完成していきます。その絵こそが、あなたの未来です。

あなたが選んだ考え方、あなたが選んだ道によってあなたの未来が完成していくのです。

陽転思考で創った未来なので、あなたを幸せにしてくれるはずです。

さらにいえば、絵は一度完成すると、また新しいパズルが用意され、新しい絵をつくっていかなければなりません。

しかしどんなに難しいパズルでも、あなたはちゃんと「よかった」のピースを探せます。

新しい絵は新しい夢です。だからどんどん挑戦も増え、成長もできるのです。陽転思考という思考法を身につければ、「よかった」のピースを探して生きる毎日です。

すべてはあなた次第なのです。

01 あなたにおこる変化 オーラが身につく

にこやかになる。

ほがらかになる。

どんどん笑顔が多くなる。

陽転思考をしていると、自然にそんな表情になってきます。そして、どんどん明るい雰囲気に変わります。

考えていることがそもそも「よかった」に満ちてくるので当然ですが、「よかった」を見つけて毎日を過ごしていると、それが顔に出てくるのです。

そして、人から「表情が明るくなったね」と言われるようになります。

「あの人にはオーラがある」と表現することがありますよね。私はオーラというものが色として見えたことはありませんが、人に会って、「何かこの人ってきっとすごい人なんだろうな」と見た瞬間に感じることはあります。そんな人はみんな、

「自信を持っている」

「明るく歩いている」

「堂々としている」

「いつも視線が上を向いている」

などという共通点があります。

私が思うオーラというのは、こんな、身体を通して滲《にじ》み出てくるような心持ちのことです。

気持ちが沈むと、まぶたが下がりぎみになります。同じように、問題を抱えて悩んでいる人はうつむき加減になります。

気持ちが前に向かないと、人は歩くスピードや反応のスピードなど全体的に行動が鈍くなります。口の開き方も小さくなるので、声も小さくなってしまいます。目力がなく、動作も遅く、声も小さいので、なんだかだるそうで、やる気もなさそうに見え

ます。

当たり前のことですが、そんな人が周りの人に「彼って明るいオーラがあるよね」なんて思われません。逆に「あの人、何かマイナスオーラ全開だね」とは言われてしまうかもしれません。

こんなふうに思われるのって、もったいないですよね。

そうはいっても「でも私、今、実際に悩んでいるんです。マイナスオーラが出てしまっても、仕方がない状況なんです！」と思うかもしれません。

でも、大丈夫。

陽転思考で物事をとらえていれば、トラブルに遭ったときも切り替えが早くなっていきます。

いつも元気、いつも明るいという人は、悩みがないというわけでなく、悩んでも人よりも早く切り替えることができるので、誰かに会ったときには、もう笑顔になっているというだけなのです。

陽転思考を身につければ、あなたにも、すぐに明るくて人をひきつけるオーラがつくれるのです。

02 驚くほど、悩みがなくなる

あるところに、なんだか気難しい顔をして文句ばっかり言っているおじいさんがいました。

あまりに気難しいので、人が寄ってこなくなりました。おじいさんは家族とも別れ、ひとりぼっちで暮らしていました。

おじいさんは口癖のように毎日、毎日、「あのとき、損したんだぁ、あのとき損したんだぁ」と言っていました。

そこに、明るい顔をした少年がやってきて聞きました。

「おじいさん、とてもつらそうですね」

「ああ、損したからな」

「それっていつのことですか？」

「ああ、いつだったかな、たしかあれはわしが……戦争から帰ってきた年だから、そうだな、25歳のときだったな」

「おじいさんは今、おいくつですか？」

「わし？　もう85じゃ」

　少年はびっくりして言いました。

「おじいさん、あなたはかれこれ60年間もひとつのことが原因でつらい思いをされているんですか？　そのほうがもっと大きな『損』だという気がするのですが」


　人生の時間には限りがあります。

　苦しい経験にこだわって、その後の人生が「つらくて苦しい牢屋」に囚われたままだなんて、時間がもったいないと思いませんか？

　このおじいさんが25歳のときにきちんと気持ちを切り替えて、その失敗した事実からひとつでも「よかった」を探していたら？　陽転思考をして、「損をした」という感情が「これはいい勉強になった」という考え方に上書き保存されていたら？　言うまでもなく、その後の60年間の人生は、まったく違うものになっていたと私は思います。

悲しみや憎しみの感情にとらわれて、くよくよ悩み続けるのは、自分の人生を無駄にすることです。

若いうちは、時間なんて無限にあるような気がしますが、人生はあっという間。1回しかないのです。今という時間は、もう二度と戻ってこないのです。

60年間も損をしてしまったおじいさんにはまだ残された人生があります。85歳になった彼が「死ぬ前に気が付けてよかった」と思えたなら、きっと幸せな最期を迎えることができるはずです。

私はここで、「悩んでいたらだめだよ」とか「悩みは無駄」と言っているのではありません。

切り替えもせず、何も変えようとせず、うじうじと悪いことばかり探しているのは、悩みに真正面から立ち向かわずに、そこから逃げて、悩みを正当化して、その悩みを大きくしているだけなので、よくないと言っているのです。

自分はダメだ。
世間がダメだ。

社会がダメだ。

否定ばかりしていて、何が生まれますか？

否定からは否定しか生まれません。

陽転すると「否定」が「反省」になり、「反省」が「気付き」になり、「気付き」が「学びと経験」になって、一歩前に進むことができます。

私たちも同じ人間なので、このおじいさんのように憎しみが消せなかったり、悲しみから抜け出せなかったりして、ずっと悩んでしまうこともあると思います。

けれど、その悩みが「私はあの人ほど頭がよくないから」などといった他人と自分を比較するようなものであったり、「学校が悪い、会社のやり方が悪い」といった周りの環境を否定することから生まれたものであるなら、単なる時間の無駄遣いです。

それらは一見、悩むための正当な理由を与えてくれているような気がしますが、そこから前向きな発想はけっして生まれません。

失敗するかもしれないという恐怖を避けているだけでしかないのです。

03 ひらめき体質になる

「よかった」を探す思考パターンが身につくと、毎日のなかでついつい意識が「よかった」ということに向かいやすくなります。そして、いつもワクワクできる体質になっていきます。

たとえば、歯医者に行き、そこにある雑誌をたまたま手にとったとします。「よかった」探しが癖になっていると、ついつい意識は「何かいいことがあるかもしれない」と期待するのです。

そんな気持ちで雑誌をぱらぱらとめくっていると、とてもワクワクした記事や自分の欲しかった情報のページでピタッと止まったりします。これは偶然ではなく、あなたの意識がそうさせているのです。

こういったことが起こると、「シンクロした！」と思ってしまうのですが、実は無意識のうちに、そういう記事をあなたの脳がちゃんと探したのです。

これは不思議なことでも何でもなく、当たり前の結果なのです。「よかった」を探す癖というのは、「よかった」を探すアンテナをいつも張っている感じでしょうか。

世のなかには意外にもたくさんの「よかった」が落ちているものです。

私は、それほど時間をかけなくても、山のように積まれた資料や情報から、自分が欲しいフレーズに思ったよりも早く出会えることがよくあるのですが、これも陽転思考の効果だと思います。

04 失敗を恐れなくなる

誰だって失敗なんかしたくないですよね？

正直、私だって嫌です。失敗が怖くないと言ったらそれは大嘘です。

けれど、何かを決断して前に進んだら、そこには必ず失敗の可能性はあります。

どんなに強い野球チームだって、試合をしたら勝つ可能性と同時に、負ける可能性だって持っているのです。

だから、失敗を怖がっていたら目の前の「試合」から逃げている、棄権しているのと同じなのです。

人生の挑戦を棄権して生きていたら、いったいどんな人生になるのか？　考えるだけでも恐ろしいことです。

まれに「失敗したら死ぬかもしれない」という挑戦に挑むアルピニストやスタントマンがいますが、私たちが問題にしている決断のほとんどは、失敗しても死ぬことはないものばかり。

ということは、それをやるかやらないか迷ったら、「絶対にやったほうがいい」のです。

いつかやろうと思って先延ばしにしていたアイディアがあって、誰かに先を越されたとき、「あれは僕がずっと考えていたんだ」と言っても通用しませんよね。

先を越した人は失敗のリスクも受け入れたからこそ、チャンスを逃さなかっただけなのです。

もし何か新しいことにチャレンジして、思ったほどの成果が出ずに終わったとしても、「今度はこうしてみよう」という気付きをもらうことができます。

誰かに「好き」だと告白して断られても、「ダメとわかっただけでもよかった。あきらめる決心がついた」となるはずです。

起業して失敗したとしても、次のチャレンジでは「今度起業するときは危ない取引はやめよう」と思えます。

こんなふうに目の前の事実から「よかった」を探す。陽転思考においては、失敗は「経験」であり、「学び」であり、「知識」です。ひいては、その人の「人としての分厚さ」「強さ」になります。

すべてが「財産」です。

失敗は悪いことではありません。次に新しいものを生み出すチャンスなのです。それが陽転思考の考え方です。

失敗を奨励しているわけではありません。けれど、それくらいの気持ちで挑まないと、人はなかなか前に進めないのです。

成功している人は、たくさん「人生のおみくじ」を引いた人です。いっぱい凶も引いてしまったし、小吉も中吉もあったと思います。けれど何回も引くから、ちゃんと大吉も引くのです。

実際に神社に行ってそんなにたくさんのおみくじを引いたりはしないと思いますが、大吉が出るまで引く人はときどきいますよね。

そういう人は、たくさん凶を引いていても、たったひとつの大吉に書いてあることだけを都合よく信じます。

そんな人のほうが、人生を思うままに生きているような気がします。

05 先延ばしにしなくなる

先ほどおみくじの話をしましたが、私は趣味が神社参拝なので、隙を見つけてはよくお参りに行きます。それこそ、日本全国にです。

神社にはたいてい長い参道と階段があって、運動不足の私はふうふう言いながら上っています。

そして、毎回行くと思うことがあるのです。

「足腰が健康なうちにお参りできてよかったな。自分の足で上ってこられることに感謝しよう」、「歳をとって、目が不自由になったり、歩けなくなる前に、このきれいな山を見て心から感動することができた。本当によかったな」と。

失敗を怖がらないで前に進めるようになると、同時に先延ばしにすることもなくなってきます。やりたいことは、思いついたときにすぐにできるようになるので、チャンスを逃さなくなります。

人間は、なまける生き物です。やりたいと思ったときにやらなければ、いつのまにか面倒くさくなってしまったり、周りの雰囲気に流されてしまって、結局やらないままでいつまでも先延ばしにしてしまいます。

そんな弱さが、陽転思考によってだんだんなくなってきます。

06 何でも面白がれる

私は大人になっても子供みたいに無邪気に感動できるほうが、幸せだと思っています。ドキドキしながら、知らないことに挑戦していきたいとも思っています。

歳をとると、それだけ生きてきたのだから、知識と常識と情報を子供よりもたくさん持っていて当然です。だから、何かを見ても「知っている」「前に見た」「聞いたことがある」ということが多くなります。

これは経験というものだから仕方ない面もあるのですが、しかしその経験がマイナスの感情をともなったネガティブな知識や情報だと、ちょっとやっかいです。

よく見かけるのは、自分よりも経験の少ない、夢を持った人に「そんな夢は捨てなさい」「現実は厳しいのだよ」と言ってしまう人。

それは人生を知りつくしたから出る言葉ではなく、単に過去において叶わなかった一度や二度の経験から、人の未来までわかったつもりになって出てしまう思い込みの言葉です。

陽転思考をしていると、過去のネガティブな情報が「よい経験」によって上書きされていきます。楽しくなかった思い出も、いろいろな「学び」を発見できてよかったなぁという思い出になっています。

だから、「結果はどうなっても気にしない、夢は追いかけてみることに意味があるよ」という言葉を使える人になります。

その言葉は年齢を重ねてきた自分に対する言葉でもあるので、いくつになっても何でもやってみようという、どんどん前向きな生き方になっていきます。

人生を楽しもう、目の前のことを面白がろうという、いつもワクワクする人になります。

そして、たぶんどんなにがんばっても、人間ひとりの一生で世界のすべてを見ることはできません。だからいくつになっても新しいものはそこにあるし、挑戦してないことは山のようにあるのだと思います。

01 コミュニケーションにおこる変化
自分の長所を表現できるようになる

自分のいいところを自分で見つけて、そこを一生懸命に積極的に伸ばそうとがんばって生きている姿に人はひかれるし、好きにもなります。

そういう人は自分のプラス面を見せることがうまいので、異性、同性に関係なく好かれるし、モテています。

「僕はあまり学歴もないけれど、こつこつ根気よく継続できるほうだ」などと、自分のいいところにフォーカスできるようになれば、どんどん自分を好きになり、相手の悪いところも許せて好きになることができます。

反対に自分の悪い部分を見つめて、私はここがいけないんだ、これがダメなんだと自己否定をしている人には、あまり魅力を感じません。マイナス面にフォーカスするのは、そこを改善したいと思うときだけでいいのです。

顔はわりとかっこいいけれど、なんだか全然モテない人を知っていますが、うじうじと暗くて、いつもマイナスなことばかり言うので相手を疲れさせてしまうのです。だから、最初はモテても、長続きしないのです。もったいないないなと思います。

02 人の長所に目がいくようになる

完璧な人なんていません。私も、いいところもあれば悪いところもある、ごく普通の人間です。

完璧な人なんていないのだから、その人の「いいところ」をちょっとでもいいから見つけてあげて、その部分をうまく引き出してあげるのがいいつきあい方だと思います。

繰り返しになりますが、「よかった」を探す陽転思考が習慣になると、目の前にいる人の「いいところ」を見つけるのもどんどんうまくなります。

「嫌いな人でもがんばって一緒にいて、いいところを見つけて好きになりましょう」などと、学校の先生みたいなことを言っているのではないのです。

どうせ一緒にいないといけない人ならば、好きなところを見つめていたほうが楽しいし、なにより相手もこちらのことを好きになってくれるので、何かといいことが多いという話なのです。

マイナス面ばかりを探してしまう習慣を持っていると、人と一緒にいるとき、何もかもが鼻についてしまいます。

「あっ、食べ方が汚いな」

「いちいち、理屈っぽいな」

「目を見て話を聞かない人だな」

「センス悪いネクタイだな」

「また始まった自慢話！」

書くときりがないのでもうやめておきますが、人の悪いところばかりを見つけてしまう人との会話はずっとこんな調子。それにその人といると、私もついつい調子にのって、一緒に「そうだね」と言ってしまうこともあります。

多くの人はマイナス表現にどう対応するか？　ということで悩むかもしれません。ただここで大事なことは、悪口をつい言ってしまう人とどうつきあうかでなく、まずは自分がプラスの窓から人や物事を見るようにすることです。

陽転思考を身につけていれば、人にイライラしたりムカムカしたりすることが自然に少なくなると思います。

部下を育てる立場の人は「なんでこの人、こんなこともわからないのだろう？」とムカムカしなくなって、「この人はなぜこれがわからないのだろう？　私の説明が悪いかな？」と自分のやり方を改善しようと思えたり、「この人は成長が遅いけれど、こういう人だからこそ根気があってやさしいのだ」、「トロいけど、それで周りのみんながなごんでいいムードがつくれてる。ありがとう」などと言えるようになるのです。

その結果、人づきあいにおいて精神的に平和な時間が多くなるのです。

03 人に好かれるようになる

「あの人、悪い人じゃないんだけど……」

「けど、何？」

「けど……何かあわない」

「どこが？」

「うーん、何かカチンとくることをいつも言うんだ」

「でも、あの人って世話好きだし基本的にはいい人だよね」

「そうそう、そうなんだよね、きっと悪気ないんだよね」

「だけど……疲れるよね。うん、わかる」

あなたの周りにこういう人いませんか？

いえ、もしかしたら自分自身がこういうふうに人から思われているかもしれません。そうだとしたら、すぐにでもちょっとずつ変えていったほうがいいですよね。

人から嫌われがちな人はいます。嫌われる人にも好かれる人にもちゃんと理由があるので、そこをつきつめていけばいいのです。

実は私は以前、「性格の悪い人」と「性格のいい人」でこの世のなかは二分されていると思い込んでいて、これはその人の性質で変えようがないので、あきらめるべきことだと思っていました。

でも、そうではありませんでした。いろんな人と出会って関わってきたなかで、根本的に性格が悪いわけではなく、そのときの表現において相手に不快感を与えてしまっている人がたくさんいることを知ったのです。

そして、そんな人はみんな、思考法さえ変えれば、「好かれる人」になれることがわかったのです。

なぜ嫌われてしまうのか？　それは相手をカチンとさせたり、ムカっとさせることをついつい言ってしまう、相手の悪いところばかりに目がいって嫌みを言ってしまう、相手の幸せをねたましく思ってしまう、自分の自慢ばかりしてしまう、などなどです。

すべて陽転思考で考え方を根こそぎ変えていけば、よくなっていく要素です。

相手の悪いところを見る癖があると、会った早々に「あれ、髪の毛切った？　ちょっと老けて見えるね」などと言ってしまいます。

子供がテストで80点をとってきても、マイナス反応のお母さんは「何で20点間違ったの？」と言ってしまいます。当然「80点、すごいね」と言ってもらえるほうが子供は嬉しいはずです。

一緒にレストランで食べているときに「この値段なら、これくらいおいしくないと損だ」とか「よく見たら、この壁汚いよね」と、マイナスの部分を見つけて言います。だから、食事もおいしくなくなってきます。

私の部下にも、こんなふうについつい嫌なことを言ってしまって相手から嫌われてしまう人が何人かいました。そんなところを、どうにか直してあげたいと思っていました。

だから、体当たりで聞いてみました。

「その言い方は険があるけど、相手を打ちのめしたくて言ってる？」

「いいえ……」

「あなたは今のままだと正直、嫌われてしまう要素があるけれど、直したい？」

「はい……！」

「あなたは本来のよさを出せてなくて、ものすごく損をしているので、もっと人生を楽しむために、考え方を変えてもらいたいの」

そう言うと、「変えたい」と言って素直に向かってくれました。

そして、陽転思考を繰り返し教えました。

人はやっぱり誰からも「好かれたい」のです。

相手や状況のなかから「よかった」を探せないというのは、思考パターンの癖にすぎません。それはたばこの習慣とか、飲酒の習慣とまったく同じようなものです。脳の使い方の習慣なので、その癖さえ変えてしまえばどんどん性格が変わっていくのです。

どんなことからも「よかった」を見つけ、それを伝えていけるようになれば、話し方も使う言葉も根本から変わっていくはずです。

04 人を素直に褒められるようになる

人を褒めるためには、「くそー悔しいなぁ」と思う「嫉妬」をまずは超えないといけません。

試合に負けた相手に向かって「君は本当に素晴らしい、私の完敗だ」と言えたら、ものすごく素晴らしいですよね。

たとえ心のなかで「くそーおまえがいなかったら俺が優勝だったのに」と思っていたとしても、やっぱりそう言えたほうがいいですよね。

日本人の私たちは、このように嫉妬を超えて人を褒めるのはもともと苦手だと思います。

古い時代には、家の名を自分以上に大事にしていたという文化的背景もあって、人の目を気にしたり、誰かと自分を比べて幸せを測ってしまっていたので、誰かがお金持ちになったりすると、自分が不幸に感じるんですね。

だから、その人を褒めたたえるよりも「あいつはお金を持って変わってしまった」などと言って「村八分」にしてしまったりしました。中傷や非難が集中する匿名のネット社会などを見ると、形を変えてそういう傾向が見えます。

そんなこともあって、日本人にとって「褒める」という行為は欧米の人と比べてハードルの高いものとなっているのです。

けれど、人はやっぱり褒めてもらったら嬉しいし、だいたいの人は自尊心が満たされるので、言葉だけで相手を幸せにできる褒め言葉を使わないのは人間関係においてもったいないことです。

そこで、陽転思考。

この思考法が癖になっていると、相手のいいところを見つけるのがうまくなるので、褒めることもうまくなります。

相手に「お世辞っぽいなあ」と感じさせない、相手の心を動かす言葉が出てくるようになるのです。

たとえば、「今日の洋服いいですね」でもいいのですが、これはそう思っている人もそうでない人も言える台詞です。

けれど、陽転思考を日々していて本当に相手のいいところを探して発見した人は、「今日の洋服を選んでいるあなたのセンスが好きなんですよ」と相手の「人となり」を褒める。服だけを褒めるのではないのです。「そのネクタイ、すてきですね」ではなく、「そのネクタイが似合う○○さんはかっこいいですね」なのです。

いつもその「人」にフォーカスして無意識に「よかった」を探していると、なぜかこのような心に深く届く褒め言葉を言えるようになってくるはずです。

自分にも相手にも前向きになれば、表現もおのずと変わるものです。

仕事におこる変化

仕事のことを話す前に、言っておきたいことがあります。

今の私のおかれた状況と今のあなたがおかれた状況は同じでない場合が多いので、「あなたは立場が違うから僕の痛みなんてわからないでしょう」と思う人がいるかもしれません。

確かに私を含めビジネス書を実名で書いている人の多くは、経営者かフリーでやっている人です。サラリーマンのように毎日ぎゅうぎゅうの満員電車に乗って、朝から隣の人に足を踏まれて、雨の日に傘で服が濡れたりして「なんだかブルー」というような状況にある人とはまったく違う環境にいます。

そんな人に「こうやって勉強したら？」とか「こうやって時間をつくったら？」と言われても、冒頭の「立場が違うからそんな気分じゃないよ」となってしまうのは当然だと思います。

けれど、私の場合は会社員も経営者も両方の立場を2ラウンドも経験させてもらったので、どちらの良い面も悪い面も、ある程度は体験できました。だから、私なりにではありますが、双方の気持ちが少しは理解できると思っています。

私は今までOLを経験した後、完全歩合制の営業をやって、代理店の支社長になって、それから本社の正社員になって、また独立という流れで人生をやってきました。

自分で望んだのではなく、単に流されてきただけなのです。

私の経緯

給料をもらう立場（安定しているが、自由が少ない）

↓

給料をあげる立場（自由はあるが、自分で稼がないと収入がない）

↓「代理店制度廃止によって強制的に」

給料をもらう立場（安定しているが、自由が少ない）

↓「リストラによって強制的に」

給料をあげる立場（自由はあるが、自分で稼がないと収入がない）

「もらう↓あげる」というサイクルを2回繰り返すのは正直大変です。

そして、どちらの立場にいても、悩みは尽きません。

社員のときは、上の人は何でも自分で決めることができていいなぁと思い、経営者になると、何でも自分で決めて、すべての責任をとらないといけないのはつらいから社員っていいなぁと思い、そしてまた本社の正社員になると、休みもあってお金ももらえてすごいなぁと思いつつ、稟議を上げて決まるまで時間がかかってイライラするなぁ、決定権のある人はいいなぁと、いつも向こう側がよく見えたのです。

　こうしてようやく今の状態に落ち着きましたから、2ラウンドを経験してよかったと思います。


　社長になって死ぬほど働いても、自分の給料は誰よりも最後です。お櫃《ひつ》からご飯を先にみんなによそっていって、最後にそのお櫃のなかに残った分が自分のご飯。どれくらいご飯が残っているかが勝負です。残っていなかったら、社長はご飯なしです。

　でも、たくさん残るときもあって、食べきれないほどになることも。こういうときはやっていてよかったとなります。もちろん、ウハウハしても次の投資のために（不作のときの予備のために）また会社の倉庫に戻すことも多いので、ウハウハ気分は一時です。

　仕事が楽しいときも、そうでないときもあります。

「会社なんてねー」とこそこそ言っている社員を見て、孤独を感じたりします。責任を感じて胃が痛くなります。

働かない人に自分のご飯を我慢してそれをあげようとして「当たり前の顔」をされたら、ムッとして、悲しくなります。

そんなこともあるのです。


社員になって死ぬほど働いても、フルコミッションか完全能力給でない場合、給料はだいたい同じです。だらだらと仕事している人と、そう変わらないときもあります。みんな茶碗一杯ずつと、だいたい決まっているからです。でも、今年は台風が来て不作だったというときでも、やっぱりお茶碗一杯ずつはもらえます。よほどのことがない限り、それが続きます。

顔色を見てお世辞を言って、不満があっても口にせず、我慢していることもあって、ストレスも抱えます。人の言いなりになっている気がして、仕事って何だろうとやけ酒を飲みたくなります。

そんなこともあるのです。どちらの立場がいいか悪いかは、実は人生においてあまり関係ありません。

どちらにしても仕事の内容が違うだけで、どの立場になっても悩みは消えないし、ちょっとした不満も怒りも孤独も一緒にやってくるからです。

なぜ、「事実はひとつ、考え方はふたつ」という思考法を身につけるのが大切なのでしょうか？

もうわかりますよね。

目の前の事実を受け止めて「よかった」を探せる人にならないと、たとえ経営者になっても、会社員になっても生き方は変わりません。幸せにもなれません。

状況が変わるから、立場が変わるから、あなたは幸せになっていくのですか？

であれば、今の状況があと3年続くよと言われたら、もう絶対にあと3年は苦痛が続くのですか？

ちがう、そうではないのです。

今がどんな状況でも、今の状況から幸せを見つけて過ごすと未来が変わってくるのです。

立場のせいにしていたら、どんな立場になったとしてもまた同じように不満を抱えます。

陽転思考という思考法を身につけることで仕事の仕方が変わる例はたくさんありますが、まず、今自分がおかれた立場を肯定できるようになることが、すべての見方を変える最初のステップになります。

上司が？
部下が？
社員が？
社長が？

その前に、「あなた」があなたの状況から「よかった」を探す。

その後、いつかなりたい自分になればいいのです。経営者になってもいいし、役員になってもいい。独立してフリーになっても、正社員でも契約社員でもいい。

とにかく、今いる環境に感謝してみる。ここから、仕事は劇的に変化します。

01 時間の使い方がうまくなる

何もしたくない日もあるかもしれません。

たとえそんな日があっても、私は無駄な時間だとは思いません。ただそれを後悔したり自分を責めたりすることが、無駄な時間の一歩になるのです。

私が思う最も無駄な時間というのは、「嫌だ、嫌だ」と思ってしまう時間です。

私はもともと人見知りなので、初対面の人が多いパーティは苦手です。

けれど、「嫌だ嫌だ、行きたくない」と思って参加すればするほど、もう逃げたくて5分いるだけでも苦痛で、外国に迷い込んだみたいに孤独な気持ちになり、すべての人が私を避けているように感じてしまいます。

ところが反対に、「どうせ参加するのだから絶対に楽しくしていよう」と自分から能動的に思うようにすると、流れが明らかに違うのです。

自然に「何か楽しいことはないか?」「何かいいことはないか?」と探すようにな

るからです。そして本当に楽しいことを発見し、「楽しい時間」になっていきます。

映画を見るときも「きっといい気付きがあるに違いない」と思って見ると、仕事のヒントを発見できたりします。

私は仕事で社員研修やセミナーを行いますが、社員研修の参加者は自分が希望し、自分のお金で参加しているという人でなく、時間もお金も会社に出してもらっている人たちです。だから痛みがありません。会社にむり強いされて、イヤイヤ来た人もいるはずです。

そんな彼らに、私が必ず伝えていることがあります。

「あなたたちは、自分の意思ではなく会社に言われてここにいるかもしれない。でもこの時間はあなたの時間だし、二度と戻らない時間です。自分には関係ないとか、意味があるとかないとか最初から決めつけると大事な情報も逃します。意味があるかどうかはわからないけれど、何かメッセージがひとつでもあると思って聞けば、それはとても有効な時間になるのです。眠い、だるいと思っていたら無意味な時間になってしまいます。私はどちらでもいいのですが、その時間も自分の大事な時間なのです。どのように過ごすかは自分次第です。もう二度と戻ってこない時間です」

「時間」というものに対して常に自分で意味付けをしようとしている人は、チャンスに恵まれやすくなります。

無意味な時間だと思って、心の窓を閉めてしまえば、たとえチャンスがやってきたとしても気が付きません。もったいない生き方をしないためにも、どんなことのなかにも「よかった」を探しながら時間を過ごすと、いきなり景色が変わったように自分の目標が明確になったりします。

私の知りあいの方で、会社を倒産させてしまった人がいます。信じてくれた人に多大な迷惑をかけてしまい、謝罪に追われる毎日のなかで奥さまが倒れ、下半身不随、失語症になってしまいました。

彼は奥さまの介護をしながら、自宅に小さなコーヒーショップをオープンしました。奥さまの回復は見えず、今までやったこともなかった家事を中学生のお嬢さんと一緒に交代ですることになりました。

彼は私に言いました。

「和田さん、365日、正直大変な毎日だけどね。一日のなかで1時間、いや5分でもいい。おいしいなあとか、気分いいなあとか、楽しいなあとか、そう思える時間があるだけでも、結構いいもんだと思うようになったんだよ。そんな時間があれば僕は生きていける。それで、今日も一日よかったって言える。それを僕は知ったんだ」

どんな毎日をみなさんが過ごしているかは、わかりません。想像を絶する苦しさを抱えている方もいるかもしれません。

けれど、まずはたったの10分でも5分でも楽しいと思う時間を意識的につくってみてください。

02 トラブルをプラスに変えられるようになる

会社でミスやトラブルがあったら、どのように考えて対応すればいいか？

対応が悪いと、人の気持ちを傷つけ、イライラし、さらに問題を大きくしてしまうこともあります。

でも陽転思考が身についていると、そのミスも、トラブルも、クレームもすべてをプラスに変えることができます。

どんなトラブルやクレームも、それはひとつの事実です。やはり、起こってしまったことをゼロにすることはできません。

けれど、そこから何かの「よかった」を見つけ、トラブルやクレームからも学びを手に入れることが重要なのです。

さて、私は自分の会社で何か問題が起きたとき、優先順位を考えます。

お客様にご迷惑をかけたなら、そのお客様にどのような対応をするのかが一番に考えるべきことです。問題を起こした当人を「どうするんだ、バカヤロー」と怒ることはあとでもいいことです。起こってしまったのですから「どうするんだ」と責めても仕方がないからです。

だから「どうしたらこの状況を改善できるか？　満足していただけるか？」を考えます。もちろんミスをした本人にも考えてもらいます。

心を込めて謝る、すぐに会いに行く、電話する、代わりの方法を提案する。とにかく早く動くことです。

そしてそれができたら、今後そのようなことが起こらない方法を全員でシェアしながら考えます。誰が悪いと追及するのではなく、この問題のおかげで気付けたものをみんなで発見し、共有していきます。

最後に、ミスをした本人の反省です。今後、本人が気をつけることは何か？　二度目、三度目が起きないようにする方法を考えてもらいます。

確かにミスはないほうがいいに決まっています。でもミスは誰にでもあること。

ひとつのミスを単なるネガティブなものとして終わらせないために、そのミスが「よかった」に変わる瞬間をみんなで体感していきます。会社全体の学びの場、話しあいの場にしていくことができるようになるわけです。

そしてミスによる損害だけで終わることなく、そのミスのおかげで学べた何かを習得して経験知に入れ込みます。

そこにはやはり、「よかった」を探そうとする思考パターンが存在します。

ミスやクレームというマイナスの事実に、わずかばかりかもしれませんが「プラス」を与えてくれるのです。

03 プレゼンテーションがうまくなる

私は、長く営業をやっていたので、当然のことながら商品やサービスのプレゼンテーションを、数え切れないくらいやってきました。

今でもセミナーなどでプレゼン法を伝授していますし、毎日の生活でも知らず知らずのうちに、ものすごく熱いプレゼンをしてしまってることがあります。

営業のスキルは表現能力ということになるのだと思いますが、陽転思考で表現の力も伸ばすことができます。

営業スキルを学びたくて私のところに来てくださる方や、本を読んでくださった方からは「もっとノウハウがあるのかと思った」という感想もときどきいただきます。

ノウハウもテクニックもある程度のことは知識として必要なので、そのあたりももちろんお伝えしていますが、**私が一番大切だと思っているのは、自分の思いや心に嘘がないことなのです。**

「売りたい」としか思っていない人は、どうしても表面的です。自分はその商品を欲しいと思ったことがないので、愛情が込もっていない表現になってしまいます。メッキは、すぐにはがれます。お客さんも、そんな人の心に何となく違和感を覚え、離れていくのです。

さて、この本は営業ノウハウをお伝えする本ではないので、このことはほかでお話しするとして、なぜ、表現能力がアップするのか説明させていただきます。

商品（サービス）も人と同じで、当然100％完璧ではありません。

性能がよくてもデザインが悪く、デザインがよくても機能的ではなく、値段が安いけれどすぐに壊れて、安いけれど栄養がない、熱に強いが水に弱い、便利だけど狭い、近いけれど高い……などなどです。

たとえば、私のところにはいろいろな営業マンが相談にいらっしゃいます。

「なかなか売れません」

「何ででしょう？」

「不況でお客さんの財布のひもが固くなっているようです」

「それで売れないいんですか？」

「ええ。それから競合が多いのですが、弊社の商品のほうが相場より高いんで見積もりで負けてしまいます」

「そうですか……」

「あとは、そうですね、いい商品なんですが見栄えがぱっとしないんですよね」

「それは苦しいですね」

「はい、とても」

「そんな商品は私も買いたくないですね」

「ですよね！」

「何か嬉しそうですよ」

「いや、わかってもらえたから」

「何がです？」

「売れないってことが」

「それが……嬉しいのですか？」

「えっ？」

「だから……あなたは今、売れないことを一生懸命に証明しているのです。少なくとも得ではないですよね」

「……」


もうひとつ違うパターンもあげます。


「なかなか売れません」

「まぁ、そんなときもありますよね」

「不況でお客さんの財布のひもが固くなっているようです」

「でも、そのなかでも買う人もいるんですよね？」

「そうですね。たしかに、固くなったとはいえ、じっくり選んでお買い上げになる方もいます」

「よかったですね。この時代にすごいじゃないですか！」

「はい、やはりいつの時代でも必要なものですから」

「よかったですね。あなたの商品のどんなところが必要とされているのですか？」

「そうですね……性能がとにかくいいんです。他社よりちょっと高いけれど、使っていただいたらすごくよくわかります。それから、エコ商品なので使えば使うほど地球にやさしいんです。お選びになる人は思いやりのある方が多い気がします」

「すごい商品を紹介できることって本当に幸せですね」

「はい、ありがたいです」

「いいところがいっぱいあるからもっと伝えたいですよね」

「はい、たくさんの方に使ってもらいたいです」

「じゃ、時代とかなんとか関係なく、しっかり説明してあげて、本当にわかってくださる本物のお客さんに買ってもらえばいいのですよね」

「はい、そんな人に買ってもらいます」

「お客さんもあなたも、お互い幸せでよかったですね」

「はい、とてもよかったです」


前者は「売れない人」、後者は「売れる人」です。

「よかった」を探す思考パターンを身につけていると、ついつい無意識に「よかった」を探しているので、「この商品、もっと小さいと売れたんですよ」とマイナスを言うよりも、プラスの面を言えるようになります。

事実はひとつ、商品もひとつです。

欠点を長所に変える表現は、テクニックではありません。その人が根本に持っている考え方が表現を変えるのです。

そして「よかった」を見つけた人は、当然ながら堂々として内面から自信が溢れます。

たくさんメリットがありますね。

04
説得力が身につく

陽転思考が身についていると自分のワクワクした未来をイメージしやすくなるので、自然と相手の未来もワクワクとイメージしやすくなります。

説得とは「(相手の)得を説く」と書きます。相手の未来がどんなふうによくなっていくか、ワクワクする方向に向かっていくことをうまく説明できれば、そこには相手の「得」が満載なので、説得は成功します。

自分の主張を通そうとすることがあたかも正しいかのように思っていると成功しません。

正論を振りかざし、相手を打ち負かそうとしたり、知識をひけらかし、相手がぐうの音も出ないようにするのも自分のためであり、説得ではありません。それはあえていうなら、「言いくるめる」ということです。

人の心を動かしたとしても「反感」の方向に動かしてしまいます。

陽転思考をしていると、「未来予想」がうまくできるようになります。まるで将棋のように何手も先を読んで、これだとこうなる、ここだとこうなるだろうと駒を動かし、相手の未来をどんどんシミュレーションできるのです。

それは映像となって頭にイメージされるので、それをワクワクしながら具体的に伝えていくことができます。

相手は自分がいかに「得」できるかを説明されるので、前向きな気持ちになり、その説明に対して「ＹＥＳ」となるのです。

これが本当の説得力というものです。

陽転思考を身につけていれば、だんだんと自然にできるようになるので、「方法は？」などとあまり考える必要もありません。

無意識にできるようになるからこそ、相手に自然に伝わります。

第4章
すべての事実は陽転できる

01 ライバルがいてよかった

あなたにはライバルがいますか？

「恋のライバル」でも「仕事のライバル」でも「ゴルフのライバル」でもいいのですが、もしいたとしたら、自分にとってはどんな存在ですか？

私は過去においていつも誰かと競争があり、比較され、どっちがどうとか批評され、そのたびに相手が目障りな存在になることもありました。

「あの人さえいなかったら私が一番なのに」と悔しさでいっぱいになることもありました。

正直言うと、できればライバルなんていないほうがいいと思うときだってあったのです。

そこには「負ける」というリスクがないからです。そんな人生を送れるほうがずっと楽だと思っていたからです。

けれど、「成長が約束されたステージ」に立つとき、必ずそこにはライバルが用意されています。あなたのステージでは、あなたが主役なので、あくまでもライバルは脇役。なので、ライバルがいるということは自分を成長させる最大のチャンス到来ということになるのです。

よく、人に嫉妬してはいけないと言いますが、嫉妬、競争、勝ち負け、愚痴、後悔、悔しさ……は、すべてバネになります。そして、その人の成長の素になります。人生のどこかの時点で、これらは絶対に必要なときがあるのです。

だから、もしライバルがいて、あなたが何らかの結果で負けていたら存分に悔しがってください。

自分を責めて「もっとがんばったらよかった」と思うなら、それこそめいっぱい後悔してください。

そしてその感情を受け入れて、「絶対に今度こそ勝つぞ」と闘志を燃やす自分自身を客観的に認識するのです。

そのパワーが何よりも前に進む燃料になって、あなたの行動力をアップさせてくれます。

最初はネガティブな感情のように思えるかもしれませんが、この感情はあなただけの「成長約束ステージ」で表現しているものだから、どんどん感じていいのです。それが悔しさから生まれた燃料であっても、あなたが前向きに使えばそれはひとつの大きなエネルギーになります。

今負けても、それはこのステージだけのことで、次のステージではまたチャンスがやってきます。

そんなエネルギーをもらえたのだから、ライバルは神様みたいにありがたい。だから、ライバルがいてよかったのです。

私にも、今でも忘れられないライバルがいます。

英語教材の販売とスクール運営の営業で1位になった後、しばらくは私の成績を超える人が現れなかったので、ちょっと自信過剰になっていました。

そんなときに現れた新人のKさんは、ぐんぐんと先輩たちを追い抜いていき、とうとう私の次、2位の位置まであっという間に上り詰めました。彼女は素晴らしい感性と人をひきつける魅力を持ちあわせていました。

私は焦りました。そして、何としても抜かれたくないと必死で今まで以上にがんばるようになったのです。そこから、私自身の個人記録がどんどん更新されていったのです。

100しか走れないと思っていた自分が120、130を走れるようになったのです。

その後、彼女に追い抜かれ、また追い越し……と、1位を競い続けました。

ある日、表彰式のテーブルでたまたま隣りあわせになり、初めて言葉を交わしました。

恐る恐る話してみたら、やっぱり魅力のある人でした。楽しいし、気があうのです。同じところで必死にがんばってきた同士だから、なおさらです。

私はすぐに彼女のことが好きになり、それからというもの、ご飯を一緒に食べたりお互いの家に泊まりに行ったりするようになりました。そうして、私はだんだんわかってきたのです。ライバルと仲良くなることこそ、自分を成長させる材料になると。

ライバルを敵視して、そのエネルギーでモチベーションを上げるというやり方でも十分結果が出ます。けれど、それ以上の効果をもたらすのはライバルと仲良くなることです。

お互い同じレベルで仕事をしているわけですから、同じ悩みを抱えています。だから、誰よりも共感できて一緒に解決できるのです。

さらに、相手の持っている情報が何よりの勉強になります。お互いの経験や情報を共有すると、それはもう鬼に金棒。

そんなふうに、お互いがさらに強くなれるという相乗効果が期待できるのです。

本当に「ライバルがいてよかった」、その一言に尽きます。

私にとってライバルというのは、最高の刺激を与えてくれる価値のある存在です。有頂天になっていた心を砕いてくれて、私の可能性を引き出してくれた最高のパートナーなのです。

人は成長してくると、負けても堂々としてまたすぐに目の前の事を追いかけていくようになります。経験を積むということは、たくさんの負けも経験したということだからです。私もいっぱい負けています。いろんなことで負けています。

けれど、一生懸命に向かっていたことならば、負けたほうが実は学びが多いのだとだんだんわかってきました。

負けてもくじけないこと。

負けてもやり続けること。

負けても笑えること。

こんな強さは、勝ちだけでは与えてもらえない財産です。

勝つことだけが人生ではありません。負けたほうが勝つこともあります。だから、「負けてよかった」という陽転は確実に存在します。

02 上司とそりがあわなくてよかった

「和田さん、私の上司は無口で全然褒めてくれないんです。企画を持っていっても興味がなさそうで、反応がないからやる気が出ません。頑固で人の話を聞かないんです。何もしないくせに威張っていて腹が立ちます……」

「で？」

「で……？　で、どうしたらいいですか？」

「でも、どうしたいのですか？」

「上司を変えたいんです」

「残念だけど、上司はすぐに変わらないですよね」

「けど、今のままじゃつらいし、陽転思考もできないし」

「う～ん、けど、できることからするしかないですよね」

「できること？」

「そう。たとえば、上司をすぐに辞めさせることってできますか？」

「いや……それは、無理です」

「じゃ、上司をすぐに変えることは？　理想のタイプに」

「できたらいいけど……。そんなことありえないし」

「じゃ、あなたが辞めるのは？」

「いや、私が辞めるのはおかしいです！　辞めません」

「けれど、あなたは働きやすい環境にしたいわけですよね」

「はい」

「では、その会社でこれからも働き続けながら、その上司が定年になって辞めるか、理想の上司が突然現れるのを夢見て待つか、あなたの見方を変えるか……。どれが一番現実的だと思う？」

「やっぱり私の見方を……」

「見方を変える、そして考え方を変える」

「やっぱり陽転思考ですね！　できますか？」

「もちろん、できます」

さて、上司、部下における人間関係の悩み相談が私のところにはたくさん届きます。

いや、実のところ私も今は上司の立場にあるわけなので、このあたりの悩みを聞くと複雑な心境なのですが、確かに私も部下だったときは上司とうまくやっていくのが難しいなぁと思ったことがあります。「ムカつくなぁ……」とイライラピリピリしたこともありました。そのとき、とてもつらかったし仕事も面白くなかったのを覚えています。

「さあ、がんばろう」と前向きに気持ちを切り替えて出社しても、上司に会っただけでイライラしてしまって、その人との会話にストレスを感じて、私ばかりがんばっているのに……と不満を感じてやる気ダウンということも結構ありました。

そのたびに「もう、気のあう人とだけ仕事ができたらいいのになぁ」とつくづく思ったものです。

陽転思考で自分の感情を切り替えても、周りの環境が劇的に変化するわけではありません。だからといって、「もっと、こうだったらいいのになぁ」と思って今の現実に対して無気力になってしまったり、たったひとりの嫌な人のおかげでやる気を失うのはもったいない話です。

それよりも、一番前向きな生き方は、自分が楽しいと感じる部分にフォーカスして、「これがあるからすべてダメ」ではなく「この部分を除いたら全部最高」という認識に変えていくことだと思います。

さて、前置きが長くなりましたが、目の前にいるそりのあわない上司と「これからも一緒にやっていく」、その事実を受け入れて陽転していく方法です。

ここで、第1章でお伝えした「あなたは幸せになるために生まれてきた」という言葉を思い出してください。

あなたの前にいる「そりのあわない上司」は、あなたが幸せになるために用意された何かの学びのきっかけかもしれないのです。

いえ、そのはずです。

そう思うと、面白いケーススタディを学べるチャンスをもらっているのだと気が付きます。

その上司が自分とそりがあわないのは、なぜなのか。

この「なぜ」を考えることで、自分に足りないものが見えてくることがあります。どういうときにカチンときたり、どういうときにがっかりしたかを明確に思い出します。

「なぜ」をしっかり分析し、「何かすごく嫌い」という全面否定の段階から抜け出します。「こういう部分が苦手なんだ」と、あなたが嫌いになった要素を取り出して客観的に見てみるのです。

たとえば、「結果を出しても褒めてくれない」という理由が見えてきたとします。

それは、あなたが「結果を出したら褒めてほしい」という期待と欲求を持っていて、それを叶えてくれないことにフラストレーションを抱えているということです。

だから、「ああ、私は自分を褒めてもらうことでやる気を出しているんだ」と気付きます。シンプルです。ものすごくシンプルです。

そこで、その解決方法です。

・上司に直接言う

「あの、私は○○部長に認めてもらいたいと思ってがんばっています。けれど、どのようにがんばってもいつも空回りしているようで、あまりお褒めの言葉もいただけません。部長の言葉で私のやる気が出ます。どのような行動をしたら褒めていただけるか教えてもらえませんか」

ここまで言っても、まだ地蔵のように無口だったら、そういう人だとわかっただけでもよかったのです。

それ以上期待しても無駄とわかっただけで、すっきりしてよかったのです。根が悪い人じゃないのなら、心には届いています。

その場合は単にシャイな人なので、自分からいつも話しかけて慣れていこうと努力すればいいのです。そんなつきあい方がわかっただけでも、「よかった」といえます。

・自分で自分を褒めてやる

「私って上司に褒めてもらっていなくても、ほかの人よりがんばって早く出社して掃除もして笑顔で挨拶もして、なんて素晴らしいんだろう！　褒めてもらっていなくても、がんばれる人のほうが精神的に強いよね。私ってなんてエラいのだろう」と自画自賛します。

これは心のなかでするので、誰にも気付かれません。今の自分を肯定できるし、そんな環境に感謝さえできます。

さて、その状態に持っていけたら、「褒めてもらいたい」という期待を少しずつ消すことができます。そうすると今度は、一歩ひいたところから「あの人、人間的にどうなのだろう」と違う窓からその上司を見られるようになってきます。

あなたとそりがあわないというその上司の「人を褒めない」という部分は、その人の小さな一面です。

褒めてもらえないことを抜きにすれば、仕事が速い、数字に強いなどといった長所がだんだん明確に見えてくるかもしれません。それらは、欠点ばかりに目がいって、見ていても見えてなかった部分のはずです。

人には多面性があります。だから、こだわっている部分をはずすと、もっともっといろんな部分が見えてくるので「まぁいいか」と思えるのです。

「まぁいいか、たまに奢ってくれるし」

「まぁいいか、事務処理は速くてミスないし」

「まぁいいか、褒めないけどうるさく怒ったりしないし」

そうしていくうちに、だんだんと受け入れることができます。

こういう考え方は、親や部下や同僚でも応用できます。そりのあわない上司のおかげで、そんなふうに人を見るトレーニングができたのです。ありがたいことです。そりがあう上司といつもいる人よりも、かなり成長できました。

それに、もうひとつの学びがあります。

「自分が部下を持ったときは絶対に褒めることのできる上司になろう」という学びです。

こんなふうに見方を変えれば、目の前の事実にはかならず「よかった」があるのです。

03 価値観の違う人がいてよかった

人間関係が原因で、前向きな感情をなかなか持てない人というのは、意外に多いと思います。私だって、苦手でそりがあわない人にムッとすることはいまだにあるし、嫌みを言ってくる人に「な、何を！」と、グーで殴りたい衝動にかられることもあります。

けれど、考えてみます。

事実「そりがあう人ばかりの世界」だったらいいなと思いますが、それで本当に私たちは成長できるのでしょうか？

違う意見があるから「考える」ことができるのです。これは、とても大事なことのような気がします。

私は、会社も社会もいろいろな動物がいる動物園だと思うようにしています。

せっかく動物園に来たのにサルしかいなくて「なんだ、サルだけか……」とがっかりするより、それぞれのポジションは区切られていても、クジャクも象もキリンも蛇も虎もいろんな動物がいたほうが面白いですよね？　少なくともサルだけよりはいいですよね？

嫌な人も苦手な人もすべて何かを学ばせてくれる対象であり、そんな人と関わるチャンス、その人の新しい側面を見つけるチャンス、苦手だった人のいいところを見つけて相手を好きになるスキルを磨くチャンスが、周りにはごろごろあるのです。

だから、いろんな人がいてよかったのです。社会も、会社もすべては学びのためにあります。

いろいろな人とぶつかって摩擦しあって、自分の感性や感覚を磨くことができるのです。これが給料をもらいながらできるのですから、本当にすごいことです。

これは脳科学者の茂木健一郎先生がおっしゃっていたことなのですが、人間形成において両親から影響を受けるのはだいたい全体の20％で、残りの80％は両親以外の出会った人によるそうです。これはつまり、人生で出会うどんな人も、自分に何らかの影響を与える要素だということ。

「人から学べて成長できるよい環境」だと思えば、きっといい影響を受けます。
「そりのあわない人ばかりで最悪な環境」だと思えば、悪い影響を受けます。
どちらの影響があなたの人生にとっていいと思いますか?

04
悪口を言われたけどよかった

自分が嫉妬してしまうときは、自分で陽転して感情をコントロールすればいいのですが、嫉妬されたり陰口を叩かれているのを知ると気分もよくないし、ヘコみもします。

人によっては「何でそんなこと言ったの!?」と正面切って衝突できる強い人もいますが、そんな人は全体のなかではほんの少しで、そのほかの95%くらいの人は、「ああ、ひどいなあ、信じていたのに」「何も悪いことしてないのにどうして?」と理不尽な思いにかられます。

そんなときに、学びになるからという理由で、「あの人にもいいところがあるかもしれないから、近づいていってください」とは、私には言えませんし、私もできません。

そんな無理はしなくていいです。そんな人と無理に距離を縮めなくてもいいと私は思っています。

嫉妬されるということは、明らかにあなたが相手の持っていない何かをすでに持っているということ。身に覚えのないことを悪口として言われるのなら、それも相手の嫉妬だと想定できます。

相手にするでもなく、無視するでもなく、笑顔で挨拶をするだけでいいのです。「気にしない」ということも学びのひとつです。

そうなると、その時点であなたは相手よりも高いステージに上ることができます。片方は嫉妬、片方は笑顔ですから、二人の差は歴然です。どちらが幸せになるかなんて聞くまでもないでしょう。

相手からの嫉妬や悪口などは確かにネガティブな感情かもしれませんが、言い換えるとそれはあきらかに「あなたを思う感情」です。毎日毎日、相手はあなたのことをあなたがいるところでもいないところでも、考えているはずです。

それは考え方を変えると、それだけエネルギーをもらっていることになります。

そんな人がいてくれるおかげでエネルギーをたくさんもらって、さらにマイナスに影響されない自分をつくるトレーニングができます。その人のおかげなのです。

私も営業でトップになったとき、嫉妬されて露骨に悪口を言われたことがありました。

最初はかなり落ち込みましたが、私が落ち込めば落ち込むほど相手を喜ばせてしまうのは何だか悔しいと思いました。

それに、私は幸せになるために生まれてきたので、その人たちを気にして暗くなりながら生きていくのはちょっと嫌だなとも思いました。だから、気にしないようにしたのです。

悔しかったら結果を出す。もっともっと結果を出す、というモチベーションを持つきっかけになりましたし、孤独に耐えるトレーニングもさせてもらいました。

だから、嫉妬されてよかったといえるのです。

05 つらい言葉をもらえてよかった

「おまえなんか消えろ！」とか「君は何の役にも立たん」とか「顔を見るだけでうっとうしい」などと言われたらヘコみますか？　おそらくヘコみますよね。

けれど、言われるほうにも何かの問題があるのなら、とりあえずは自分のやったことを振り返って反省して、相手の言葉をきっかけにして自分を改善するチャンスだと思ってください。

そこまでキツく言われないとなかなか自分の欠点を見つめる機会もないので、相手の心のなかでずっと思われているよりも言ってもらってよかったと思うほうが、そのマイナスのキツい言葉を自分の成長のために利用できると思います。

けれど、そんな反省もできないくらい理由もわからず、言われたことに対して理不尽な思いをしているのなら、ヘコんで暗くなるよりも、考え方を変えて受け止めてほしいなあと私は思います。

とっさに受けとめ方を変えることができる人は少ないと思いますが、その言葉をどのように受け止めていけば自分にとってハッピーなのかを探していくことから始めてみてください。

私は昔、自分の恩師だと信じて何でも相談していた人に、突然「あなたは何もわかっていない。あなたは思いやりがない。あなたを信用できません」と理由もよくわからず、言われたことがあります。

あとで聞いたら、その方はちょっと具合がよくなくて、精神的に大変なときに私の根も葉もない悪い噂を聞いて、それを真に受けて信じてしまったらしいのです。

そんなことを知らなかった私は、落ち込んでその人の前で大泣きし、何が何だかわからなくて、つらくてたまりませんでした。

そんなことを友人に話していたら、

「それって、あなたがその人を卒業したほうがいいという神様のメッセージじゃないかな？　そこまで強く言われないと、あなたはいつまでたっても離れなかったでしょう？　あなたは自分から『さよなら』と言えなかったでしょう？　だから、きっと神様がその人の口を借りてその人に言わせたの。私はそう思う。結果的にあなたはもうその人がいなくても自分で決断できるようになっているから、それってすごい運がいいと思うの」

と言ってくれました。

私はそれを聞いてから、人の言葉にはいい言葉にも悪い言葉にも何らかの気付きが潜んでいるという事実を知りました。

神様の言葉かどうかはわかりませんが、「事実はひとつ、考え方はふたつ」という陽転思考が言葉のなかにもあるのだと気が付いたのです。

だからつらい言葉を言われたら、この人と距離をおく機会をもらったのだと感謝してみてください。

いい方向に向かうために、そのときはそれくらいキツいことを言われないといけなかったのです。

そうでないと、「離れる」という決心も「見返してやろう」と思う奮起も生まれなかったのです。

無理にでもそうなったほうが、きっと人生にとっていい方向だったんだな、ちょっと荒療治を受けたのだなあと、私は思っています。
結果的に私はその恩師から自立することができました。
だから、やはりそれは「よかった」だったのです。

06 言うことを聞かない部下がいてよかった

私はいつも人に言います。「どんなに苦労をしても、どんなに大変でも、部下を育てるという経験を持ってください」と。

それは、私がまだまだ未熟なころから部下を持つ経験ができたことによって、今の私の素となるほぼすべてを学べたからです。

ものすごく苦労したし、ものすごく泣かされたけれど、あの経験を持てたことが私の人生を大きく変えるきっかけになったと私は思っています。

私は当時、今よりずっとずっと未熟だったので、そのころの私の言葉を信じてついてきてくれた人には感動すら覚えます。

だから、まず「あいつは言うことを聞かん！」と怒る前に、「私のような人間の部下になってくれてありがとう」と感謝することが大切だと思います。それこそが部下との差です。その大きさが、上司としてかっこいい部分だと私は思います。そのかっこよさは、上司にならないと身につかない魅力です。

だからどんな部下がいても、その部下がどうしようもないくらいイライラさせる人でも、とにかくそんな経験をできることに、まずは「よかった」と言ってみることです。

さて、目の前の事実は「自分の言うことを聞いてくれない部下」がいることです。

そして、その経験から自分は何に気付き、どんな学びをもらうことができるでしょうか？

ここでは、「なぜ自分の言うことを聞いてくれないのか？」という疑問を自分に投げかけることが大事なのです。そして、そこからその事実を少しずつ分析していきます。

「話を聞いてくれないけれど、それは自分に対してだけなのか？（それとも、ほかの人にもなのか？）」

もし、ほかの人の指示も守らないということなら、その部下は仕事にやる気がないようです。そして、それは会社の指示を聞かないということです。

そのことによって、会社にマイナスを与えるのなら、よほどのことがない限り、その人に給料を支払う必要はないと思います。

だから、私だったらこう彼に言います。

「お金をもらって働くプロであれば、上司の言うことを聞いて行動してください。納得がいかないのならば、これ以上ここにいてもお互いのためにならないと思うのです」

それでも働くというのならもう一度チャンスを与えて、次から態度を変えてもらいます。

次に、自分の指示だけを守らない場合、その部下はあなたを尊敬していないか、あなたに不満があるのです。

では、なぜ自分は尊敬されないのか？

言い方がわかりにくいのか？　相手の話を聞いていないのか？

そして、自分が自分の部下だったらどんなところが気になるのか？

と考えると、今まで見たくなかった自分の欠点を見つめて改善するチャンスになります。

「そういえば、冷たい言い方をしていたな」

「結果が出ているのに褒めてあげてなかったな」

「ミスばかりを責めていたな」

などなど、たくさんの気付きが出てきます。

まさに成長ステップの宝庫です。そして、自分に多少なりとも非があることがわかれば、彼に対する見方も変わってきます。

自分の欠点に気付くことができたのは「よかった」ことなのです。

彼は、感謝すべき存在になったのです。

そしてその気付きを改善するためにどうしたらいいか自分から歩み寄って、部下を交えて摩擦を恐れず話しあってみます。すると、わかりあえる関係を築けるかもしれません。どんどんよくなるスパイラルの展開です。

もちろん、どう考えてもあなたに非がなかったり、こちらから歩み寄っても頑として受け付けようとしない人もいるに違いありません。そんなときは、やっぱり注意するべきです。それも「注意をする練習」の機会をもらったと思ってやればいいのです。

すべて無駄なことはありません。

「言うことを聞いてくれない部下」のおかげで、これだけの気付きがあるのです。

07

嫌な仕事ができてよかった

仕事というものは、たとえ好きで楽しいものであっても、そのなかにちょっと苦手だなとか嫌だなという要素が含まれているものです。

たとえば、企画を考えるのは楽しいけれどプレゼンするのは苦手とか、お客さんと話すのは好きだけど営業はしたくないとか、料理は好きだけど、後片付けは嫌いだとか。

そんな人には「それって都合よすぎですよね」と注意したくもなりますが、私にもときどき「これは苦手だなぁ」と思うことがあるので、気持ちはわかります。

ただ「苦手で嫌だなぁ」と思っても、その道を通るのか、そこを避けて通るかで人生は変わります。目の前にあることは何でもやりこなしていかないと、成長できないからです。

私が苦手な道を通らざるを得なかったのは、英会話学校で企画やマーケティングを担当したときです。

データ分析、売り上げシミュレーション、コンバージョン率、バランスシートなど、数字が羅列された資料をたくさん作成しなければいけませんでした。

私は細かいことが苦手です。だから、エクセルの表ばかり毎日つくるのは私にとっては地獄のようなものでした。

しかも上司が外国人だったので、企画書などはすべて英語で作成しなくてはいけませんでした。

そうすると時間も通常の何倍もかかるし、余計にしんどくなってしまったのです。けれど目の前の仕事は「嫌だ嫌だ……」と思っても消えません。

だから私は、それらの仕事を「嫌な仕事」と思うのをやめて「やるべき仕事」だと認識を変えて受け入れることにしたのです。

「やるべき仕事」に変わった瞬間、思考も変わっていきました。

「どうせやるんだったら、楽しくやろう。どうすれば、その仕事を楽しんでできるかな？」

私の思考は、この「問い」に絶えずフォーカスするようになりました。

表のつくり方を工夫してフォーマットをより美しくしてみたり、本を読んで勉強して自分なりの工夫を入れてみたりしました。

すると本当にわかるようになってきて、だんだん楽しくなってきました。今まで逃げていたことができるようになるということは、ものすごく頭がよくなったような錯覚さえ覚えさせます。

「すごい、すごい、私って本当にすごい！」とひとりで盛り上がっていきました。不思議なもので、脳がだまされてしまうのです。

苦手だった仕事が楽しいことに、脳のなかでだんだん認識が変わっていくのです。

そうやって学べたことのすべてが、現在とても役立っています。もちろん事務をやっていたときのお茶いれや、お掃除も、全部全部、無駄になったことなど微塵もないのです。

苦手なこと、嫌いなことに挑戦するなんてなかなか自分からはできないことです。

だからこそ、苦手なことが好きになるチャンスをもらえるだけでもありがたい。

今の仕事が嫌で仕方がない人にとっては、私の言葉はまったく無責任に聞こえると思います。

けれど、今、それが目の前にあるのであれば、それを楽しんだほうが、きっと次に繋がるはずだと信じていてください。

08 最初からうまくいかなくてよかった

一生懸命がんばろうと思って仕事を始めてみたけれど、自分が思っていたほどうまくいかない時、「なぜだ?」と悩む人は多いかもしれません。

特に就職したばかりの若い人や転職したての人は、慣れない職場と慣れない人間関係にも緊張しているので、余計に空回りして結果が出ないどころかミスをしてしまうケースもあると思います。

私だって、営業を始めたばかりのころは、なかなか結果が出ませんでしたし、同期がどんどん結果を出すのを横目で見ながら、私はこの仕事に向いてないのだから、もうさっさと辞めちゃったほうがいいのかな、とかなり後ろ向きに悩みました。

けれど、うまくいかないということが生み出すことは、ものすごく大きな財産です。

うまくいかないということには、何か原因があるわけですよね?

だからそれを考えることができるきっかけになり、そして自分の改善すべきことが見えて努力できました。

さらに、自分の言いやすいようにマニュアルのトークを変えたりして、私なりの創意工夫を生み出したのです。

そもそも今ここで書いている陽転思考も、最初からうまくいかなかったからこそ生まれました。

もし、私が最初から絵に描いたようにうまくいった人生をもらっていたら、きっと私はこういう努力をしなかったし、工夫もしなかったはずです。

もしかしたら「何だこんなものか、簡単じゃん」と仕事をなめて、できない人を見下してしまっていたかもしれません。謙虚さを忘れて、嫌な奴になっていたかもしれません。

こんなことは結果論になってしまいますが、私は本当に最初からうまくいかなくてよかったと思っているのです。

そして、がんばって乗り越える力、踏ん張って継続する力まで身につけることができたのです。

本当に「よかった」と思っています。

09 この不況の時代に生きていてよかった

どの時代に生まれるかなんて選んだわけではないので、今の時代に生まれたのも何かの意味があるのだと思うようにしています。

忘れてはいけないことは、私たちは自分の人生のなかで自分たちが経験すべきことを確実に経験しているのだということです。

しかし、今、大変苦しい状況に追い込まれている人もいて、私がこの状況からも「よかった」を探して何かを学ぼう！　と言っても、「何だと。俺は大変なんだぞ。何がよかっただよ！」と思う人もいるだろうと思います。

でも、やっぱり目の前の事実はひとつなのです。

どうせこの時代に生まれて今を生きているのなら、人が何と言っても「得」をする考え方で時代を見たいと思うのです。

これはほかのコラムでも書かせていただきましたが、私が思う「不況時の5大メリット」を書いておきます。

ひとつ目は、創意工夫が生まれやすいということ。

好況時は物もサービスも売れます。自社商品に多少の課題が残っていたとしても、「すぐ欲しい」というお客様が目の前にいれば、ついつい目先の利益に走ってしまいどんどん売ってしまいます。

しかし、不況時は簡単には売れなくなっています。

どうやったら売れるかじっくり考えなければいけません。

それに、改善点を洗い出して修正したり、無駄なコストを削減したり、社内環境をよくしたり、と新たな変革を生み出します。「好況よし、不況さらによし」というパナソニックの創業者である松下幸之助さんの言葉通りです。不況にもプラスの面があるのです。

ふたつ目は、不況自体が新たなビジネスチャンスを生み出すということです。

近年、洋服のリフォーム業者が売り上げを伸ばしているそうです。

洋服を新しく買うよりも、古いものをリフォームする。これは節約のためかもしれませんが、物を大事にする気持ちまで生み出しています。

カーシェアリングやコンビニ化粧品、エコカーなど好況時よりも売れているものがたくさんあります。外出を控える人が多くなったということで、家で楽しむレンタルビデオ事業なども伸びています。

つまり、不況を「よかった」と感謝している人も世のなかには少なくないのです。

3つ目は、〝自分を磨く〟タイミングだということ。

こんな時代だからこそ、自分を磨いて本当の強さを身につけることができます。

もっと勉強して自分を守ろう、知恵をつけようという気になります。

みんな同じ時代に生きているのです。隣の人も前にいる人も、同じ状況で生きているのです。

追い風の時代に結果を出すのは当たり前。向かい風で結果が出せる人が本当に強いのです。今まで愚直に真面目にがんばってきた人のチャンスかもしれません。今の努力も、すべて無駄にならないはずです。

風が吹いても倒れない根っこを張って生きてきた人が輝く時代なのです。

そして、これが本当に100年に一度の不況だったら、もしかしたら自分の人生でこの不況が一番の底かもしれないってことですよね。

そんな底を経験できることも、強さを身につけるチャンスだと思います。


4つ目は、自分の軸がしっかりしてくることです。

景気のいいときは、人の持っている物が欲しかったのです。

六本木ヒルズに住んでいる人をうらやましいと思った人が多かった。でも今は、昔ほどそれらのステイタスを欲しがらない人が増えました。

高価でなくても、自分の気に入った物を持ちたい人が増えた。自分の価値観で物を選ぶことができる人が増えた。

これは、個人がしっかりした「軸」を持つようになったということ。とてもいいことです。


5つ目は、「思いやり」が増えること。

人にやさしくなったり、誰かのために生きることに価値を感じる人が増えてきたと私は感じています。お金を追いかけてきた時代から、本当に大切な人との繋がりを大事にする時代への変革ではないかと、そんな気がしているのです。

不況のなかに「よかった」がないか……探してみたらもっとありそうです。

そうやって探している間に、時代はどんどん進んでいるのです。どうせなら、ワクワクした未来を信じていたいですね。

さて、私の尊敬する、貧しい人たちのためにその人生をかけている方もこうおっしゃっていました。

「確かにこの不況の時代は大変な時代です。しかし恐れてはいけません。これは変革のための最大のチャンスなのです」（ムハマド・ユヌス）

10 転職がうまくいかなくてよかった

終身雇用という神話が崩れた日本では、ここ10年ほどで転職することが当たり前の時代となってきました。

本来、転職はネガティブなものではないのですが、なかなかうまく次の仕事が見つからなくて不安な先行きをイメージする人が多くなりました。この本を読んでいる人のなかでも、もし現在進行形で職探し中の人がいたら、きっととても不安でつらい状況なはずです。

さらに周囲からは「お父さん、その歳で仕事あるの?」とか、「おまえはいつまで、親のすねを囓《かじ》っているんだ」とか、「あー、もう今月は家賃も大変だわ。あなた、いったいお金どうするのよ!」とか、毎日のように言われて精神的にまいってしまっている人もいるかもしれません。

でも、事実はひとつ。

転職ができない、仕事が見つからないという事実は今、目の前にあります。

そして、これから仕事を必ず見つけなくてはいけないのも、ここではまさに「現実」です。

だからこそ今不安になっている暇はありません。そんな時間があれば、もっとやるべきことがあるのです。

まず、転職がうまくいかないことによってあなたが得られるものは何ですか？

それは、新しいチャンスです。今までいた環境から新しいステージに移行するきっかけをもらっています。

さらに面接で落ちたとしたら、その原因を分析してみます。

そうしたら自分の欠点や、いつかは直したいと思いつつ蓋をしてきた事柄に真っ正面から向かっていかないといけない状態に追い込まれます（服装、態度、経験、話し方など）。

初歩的なことですが、履歴書の写真がとても暗い顔をしている人もいます。そんな写真では、書類選考には残れません。だから、明るい顔で写真を撮ろうとします。その努力だけでも今までやってなかったことですから、これだけでもすごい進歩です。

さらに、今までの経験を生かせるかどうか、自分の市場価値はどの程度なのかを知ることもできます。

「自分の経験を生かすにはこの分野をもっと学べばいいな」とか新しい気付きも生まれます。今までの経験だけでなく、ちょっと怖いかもしれませんが、まったく新しい分野にチャレンジするチャンスでもあるのです。

私も今まで転職を経験しています。

最初は転職活動がうまくいかず、なかなか次の会社が決まりませんでした。理想と現実のギャップだと思います。自分が思っているほど、自分の市場価値は高くなかったのです。

そして、だんだんと「もう何でもやります」という気持ちになったときに、営業の仕事に巡りあったのです。完全歩合制なんて厳しい世界、絶対にありえないと思っていました。

けれど、ほかに行くところがなかったので、選んでいられない状態でした。

最初は仕方なくでした。やりたい仕事を見つけて、うきうきスタートしたのではありません。けれどそこから私の人生が大きく変革し、今に繋がっています。

それが私の転職です。

そんなスタートから思いもかけなかった人生が展開することだってあるんです。

もちろん、私のようにせっぱ詰まってなくて、今の仕事が好きで本当にやりたいことであるなら、進路変更をする必要はありません。

けれど、もし「どんなことでもやってやろう」という勇気が持てたら、選択枠がぐんと広がってチャンスの数も増えるはずです。

たとえばＩＴ業界にいた人が転職活動をするときに、レストランのウエーターの求人があっても、きっと見向きもしませんよね？

けれど、私の知人の元システムエンジニアの田村さんは、次の仕事がなかなか見つからなくて仕方なく「ちょっと繋ぎのアルバイト」感覚でレストランのウエーターを始めました。

人と接する仕事が初めてだった彼は最初、人と話すのが苦手でとまどっていたそうです。けれど、人との関わりの多い職場で何となく人と接するうちにどんどん人と話せるようになり、それを楽しめるようになったのです。

そして、彼はそのまま正社員になりました。それからはウエーターをやりながらそのレストランで座席やオーダー、シフトの管理なども頼まれ、今まで培ったIT技術を生かし、会社からとてもありがたい存在として重宝されています。

彼は本当に以前より明るくなって人が変わりました。さらに、職場で知りあった人と結婚し、今でも幸せに暮らしています。

私は彼に会うと「リストラになって本当によかったね」と笑って言います。彼も「本当に僕は運がよかったです」と、幸せそうな笑顔で言います。

人生は予測不可能です。今までと同じ枠で考えることももちろん大事ですが、連続的な人生だけでは「過去」という枠から抜け出せず「こうでなきゃいけない」と思い込んでしまって、せっかくのチャンスを逃してしまうかもしれません。

もし、今、なかなか仕事が見つからなくて不安になってしまっていたら、腹をくって「何でもやってやる！」と決断してください。

最初は大変でも結果オーライです。

陽転思考をしていれば必ず、「やってみてよかった」と言える未来がやってきます。

定年を迎えるまでひとつの仕事を続けるという人生もあれば、未来に向かって「さあ、やってやるか！」と新しいチャレンジができるのもひとつの人生なのです。

どちらがいいかなんて、わかりません。

けれど、自分の人生で経験できたことは全部自分のためになっているのだから、もうそろそろ仕事もできなくなったよというくらい歳をとって自分の人生を振り返ったときに「いい人生でよかった」と言いたいし、言ってほしいのです。

11 コンプレックスがあってよかった

「もうちょっと鼻がこうだったらな」とか「もうちょっと背が高かったらな」とか思うことはたくさんありますが、しかし、そう思ってみたところでしょうがないことです。明日起きたら、急に変わっているなんて、絶対にありません。

だから、あなたが今持っているかもしれないその低い鼻や、ずんぐりした背や、たらこみたいな指と一緒に生きていくしかないのです。

しょうがない……ただ、コンプレックスを受け入れて陽転するなんてことはとても勇気がいることですし、難しいことだと思います。

「私なんて、どうせこんな顔だし」と落ち込んで自分を嫌いになって生きるか「これが私だからほかの部分で勝負しよう」とほかの部分を磨くチャンスにしてしまうかは、本当に自分次第です。

私も昔から、すらっとした足とかサングラスが似合うすっとした鼻にあこがれていたのですが、だんだん大人になってくるとわかってきたんですね。あの親から生まれたら、この身体とこの顔だろうなって。

あきらめたわけではないのですが、まあこれが私で、やっぱりしょうがないやと開き直って生きることにしたんです。

私の大好きな作家の村上春樹さんは、自分の外見に対して「これくらいでちょうどいいんだ」というのが口癖だそうです。もっとハンサムでもっと女の子にモテたら、人生はもっとややこしいものになっていたかもしれないから……だそうです。

だから、私も「これくらいでちょうどいいんじゃないか」と言うようにしたいと思っています。変えることのできない部分にくよくよするよりも、今からでも変わることができる部分にフォーカスしたほうがよい人生になりそうです。

人ごとのように聞こえるかもしれないですが、今のあなたでよかったのです。

あなたしか歩めない道があるからです。そう思って生きていたら、内面から輝けるようになるのです。

12 忙しくてよかった

「仕事が忙しくて時間がない」

そんなふうに悩んでいる人は多いと思います。

けれど世のなかには「忙しいから嫌だ」と言う人と「忙しくてよかった」と言う人と、2種類の人がいるのではと私は思っています。

私も忙しいほうだと思います。それは今に限ったことではなくて、振り返っても暇だった時期なんてあんまりないんです。

でも、「忙しいとは心を亡くすと書きます」なんて言う人を見ると、「私、忙しいけど楽しいですよ、心、全然亡くしてないです」と言いたくなります。

だから、私は後者です。「忙しくてよかった」派に該当します。

普通の会社員の方が会社のなかで一番暇だったら？　と考えてみてください。

そんな状況、果たして嬉しいでしょうか？　それほど仕事をしていないのに、給料だけはきちんともらえるというのはやっぱりおかしい。だから、会社が傾いたらいち早くリストラの対象になってしまうと思います。

また、それまで元気に働いていたのに定年を迎えたと同時にたくさん時間をもらって、何だか気が抜けたようになってしまう人もいます。

時間があるというのは素晴らしいことですが、暇というのはけっして素晴らしいことではないのです。

「忙しい」＝「時間がない」

確かにそうです。

けれど「忙しい」＝「不幸」ということではありません。

私は、本当に大事な仕事は忙しい人に頼みます。

忙しい人は仕事ができる人だからです。もし「私ばかりに仕事が集中する」と思っていたら、それは「損している」のではありません。

それは「仕事ができるからこそ、みんなに頼られている」からなのです。むしろ光栄なことなのです。

忙しいデザイナーさんは順番待ちです。それだけ素晴らしいデザインを生み出すからです。

忙しいお医者さんのところには、患者さんが殺到して待っています。それだけ素晴らしい治療をするからです。

忙しいのは、誰かに必要とされているから。

忙しいのは、誰かに頼りにされているから。

そう思えば、むしろありがたいとさえ思えるのです。

営業でも、商品をたくさん売っている人ほど忙しくなります。

私は、忙しいときこそ生かされている気がします。自分を生かしてくれているような気がして、やりがいを感じます。

忙しくて「よかった」。

おわりに

人生には「物質的な価値」と「精神的な価値」が存在します。

前者は、社会的な成功や金銭的な豊かさであり、自分の目の前にどんどん積み上げていくようなもの。

後者は、心の豊かさや成熟みたいなものであり、自分の後ろにどんどん並べていくようなものです。

私たちにとっては、どちらの価値もとても大事なものですが、物質的な価値だけを積み上げても心が成熟していないと、永遠にむなしさが残ってしまいます。いつまでも孤独になってしまうこともあります。

しかし陽転思考をしていると、自分の後ろ側に精神的な価値を並べていくことができます。

情けない結果にも「よかった」という価値を見いだし、痛い失敗にも「よかった」

という価値を見いだし、悲しい出来事にも「よかった」という価値を見つけることができるからです。

あなたがどんなに辛いことを経験したとしても、そこに「精神的な価値」を見いだせば「心を磨けてよかった」となるのです。

自分の後ろにどんどんできる「価値」は人の奥行きをつくります。

その奥行きこそが、人の成熟なのです。


私の知人の水野さんという女性は、元モデルでとってもきれいでスタイルのいい女性です。そんな彼女には小学生と中学生の二人の子供がいて、そしてシングルマザーで、今は私のウォーキングの先生でもあります。

離婚の経緯や、その他の細かいことはここには書けないのですが、とにかく彼女は数年前に必死でお金を稼がないといけない状況になりました。

すぐにお金がもらえるというバイトに登録し、集合場所で乗ったバスに揺られていった先は大きな郊外の工場で、そこで彼女は輸入されたオレンジを磨いてくれと言われました。しかしそのオレンジを見た瞬間に、彼女はなぜ事前の注意事項として

「マスクを持ってくるように」と言われていたのかがわかりました。そのオレンジは緑色のカビだらけだったのです。

みんながそれを磨きはじめると、工場のなかの空気が一気に緑色になりました。あちこちにカビが飛び交ったのです。

今まで何の不自由もなく生きてきた彼女にとって、そこは天地がひっくり返ったような場所であり、とっさに逃げたくなりました。

しかし、早くも泣きそうになっている彼女に、ベテラン女性が「なに、あなたの爪?」ときれいにジェルネイルをしている彼女の指をみて、「そんな爪して、仕事ができるわけないじゃない。あなた無理。辞めなよ」ときつく言ったのです。彼女はそれが心底悔しくて、次の日、きれいに爪のジェルをとってそのカビ取りの仕事に行きました。

それから彼女は何ヶ月も、そのバスに乗って休まず、毎日、朝から晩まで緑色の空気のなかでその緑色のオレンジを磨き続けたのです。

その時期彼女を支えたのは、日々の「よかった」探しでした。

「子供がいるだけでよかった」

「健康でよかった」

「仕事があるだけよかった」

「今日は久しぶりに外食できてよかった」と。

しかし、あるとき、息子の持って帰ってきた学校の上履きのかかとが踏まれていました。

歩き方だけはしっかりするようにと教えてきた彼女にとって、そのかかとが踏まれた上履きはせっかくの教えを破った「裏切りの結果」に見えて、とてもつらくなり、

「なんなのよ、これは。お母さん、こんなにがんばっているのに、なんで、こんな靴の履きかたをするのよ！」

と泣きながら怒鳴りました。

そうすると、息子さんは申し訳なさそうな顔をしてこう言いました。

「お母さん、ごめんね。お母さんが怒るのわかっていたのに。でもね、足が大きくなって履けなくなったから、どうしても踏んづけて履くしかなくって……。本当にごめんね」

よく見れば、かかとの踏まれた上履きは所々破れて、ひどく汚れていました。

はっとした彼女は、そのときようやく、お金がないことを気にして上履きを買ってくれと言わなかった彼の思いやりを知り、目の前でうつむく息子を思わず抱きしめて、声を出して泣きました。わんわんと泣きました。

ああ、お母さんね、知らなかったの、ごめんね。お母さん、あなたのやさしさに気付かないでごめんね。

息子を抱きしめながら彼女は思いました。

一生懸命、生きてきてよかった。支え合う家族がいるだけで、自分はなんて恵まれているんだろうと。

子は親の背中を見て育つと言います。つらい日々のなかで、それでも「よかった」を探して生きてきた彼女の背中には、精神的な成熟という価値が積み上がり、彼女という人の「奥行き」を深くしていったのです。その背中を見た息子さんが素直で思いやりのある人間に育たないはずがない。息子さんは本当に心の広い人間になっていたのです。

さて、その後、ウォーキングの先生としてようやく自立をした彼女は、私と出会ったときに、数々の困難を自分の力で乗り越えてきたにもかかわらず、「和田さんのおかげなんです。陽転思考の本を読んでいなかったら、私、とっくに壊れていました。ありがとうございます」

と涙ぐんで頭を下げて言ってくれました。

陽転思考の本が、私の知らない間に私の知らない誰かの人生を救っていたのです。

書いてよかった。

話してよかった。

お会いできない方のほうが断然多いですが、私の伝えたことが、ずっとずっと伝わって広がっている。

こんな幸せあるでしょうか？

彼女だけではありません。陽転思考のおかげで、私は毎日のように、知らない誰かから「ありがとう」の言葉をもらって感動して、震えて、そして、生きていてよかった！　と思えるのです。

ありがとう、陽転思考。そしてもっとたくさんの人の心に届きますように。

２００９年の単行本、２０１２年の文庫化に続き今回、また新書にしてくださった
ポプラ社の奥村社長はじめ、碇さん、斉藤さん、今回新書化にあたって、より読みや
すくしてくれた担当の増田さんに心より感謝をします。

和田裕美

本書は、二〇〇九年八月にポプラ社より書き下ろし作品として
刊行された単行本『人生を好転させる「新・陽転思考」』を改題し、
再編集して新書化した作品です。

著者プロフィール

和田裕美（わだ・ひろみ）

作家、営業コンサルタント。人材育成会社「和田裕美事務所」代表。小学生のときから通知表に「もっと積極的にお友だちとお話ししましょう」と書かれ続けたほど引っ込み思案な性格にもかかわらず、上京後は外資系企業の営業職に就く。当初はおどおどして相手の目を見て会話することもままならず、長い間つらく厳しい下積み時代が続いたが、独自の「ファン作り」営業スタイルを構築し、試行錯誤を重ね、徐々にプレゼンしたお客様の98%から契約をもらうまでになる。それによって日本でトップ、世界142ヵ国中2位の成績を収めた。その経験から「考え方」と「行動」で運命はいくらでも変えられるのだと実感し、自分が行っていた思考パターンを「陽転思考」として確立する。執筆活動のほか、営業・コミュニケーション・モチベーションアップのための講演、セミナーを国内外で展開している。女性ビジネス書の先駆けとして大きな反響を呼んだ『世界No.2セールスウーマンの「売れる営業」に変わる本』（ダイヤモンド社）がベストセラーになる。ほかに『本番力』（ポプラ社）、『和田裕美の人に好かれる話し方』（大和書房）など著者多数。

ポプラ新書 044

失敗してよかった!

自分を肯定する7つの思考パターン

2014年10月24日　第1刷発行

著　者　和田裕美
発行者　奥村 傳
編　集　増田祐希
発行所　株式会社ポプラ社
〒160-8565 東京都新宿区大京町22-1
電話　03-3357-2212（営業）
03-3357-2305（編集）
0120-666-553（お客様相談室）
FAX　03-3359-2359（ご注文）
振替　00140-3-149271
一般書編集局ホームページ
http://www.poplarbeech.com/

ブックデザイン　鈴木成一デザイン室
印刷・製本　図書印刷株式会社

N.D.C. 914/240P/18cm/ISBN 978-4-591-14224-0

生きるとは共に未来を語ること　共に希望を語ること

昭和二十二年、ポプラ社は、戦後の荒廃した東京の焼け跡を目のあたりにし、次の世代の日本を創るべき子どもたちが、ポプラ（白楊）の樹のように、まっすぐにすくすくと成長することを願って、児童図書専門出版社として創業いたしました。

創業以来、すでに六十六年の歳月が経ち、何人たりとも予測できない不透明な世界が出現してしまいました。

この未曾有の混迷と閉塞感におおいつくされた日本の現状を鑑みるにつけ、私どもは出版人としていかなる国家像、いかなる日本人像、そしてグローバル化しボーダレス化した世界的状況の裡で、いかなる人類像を創造しなければならないかという、大命題に応えるべく、強靭な志をもち、共に未来を語り共に希望を語りあえる状況を創ることこそ、私どもに課せられた最大の使命だと考えます。

ポプラ社は創業の原点にもどり、人々がすこやかにすくすくと、生きる喜びを感じられる世界を実現させることに希いと祈りをこめて、ここにポプラ新書を創刊するものです。

未来への挑戦！

平成二十五年　九月吉日　　株式会社ポプラ社